Udo Trichtl, Olaf Wittrock

Geldanlage **für Vorsichtige**

Inhaltsverzeichnis

Was wollen Sie wissen?

Aktien? Die wenigsten haben über sie in der Schule gelernt. Vielen gelten Börsenplätze als Casinos. Deshalb bevorzugen die meisten von uns konservative Sparformen, gehen auf Nummer sicher. Sicherheit spielt auch in diesem Buch eine große Rolle. Das heißt aber nicht, dass Sie auf Rendite verzichten müssen. Hier erfahren Sie, warum.

Eignen sich Aktien für vorsichtige Menschen?

Ja, vorausgesetzt, Sie berücksichtigen einige wichtige Grundlagen. Aktien sind langfristig die ertragreichste Wertpapierform. Das können Sie sich zunutze machen – und zwar ohne dabei zum Spekulanten zu werden. Das gelingt mit einer diversifizierten Anlagestrategie: Sie setzen nicht alles auf ein Pferd, kaufen also nicht eine einzelne Aktie, sondern investieren breit gestreut. Möglich machen das sogenannte ETF. Die Abkürzung steht für „Exchange Traded Funds“. Das sind besonders kostengünstige Investmentfonds, die das Geld ihrer Anlegerinnen und Anleger in sehr viele Aktien investieren. Das ist ganz einfach und minimiert Ihr Risiko. Da auch Aktien-ETF noch Risiken beinhalten, hat Finanztest das Pantoffel-Portfolio entwickelt. Damit können Vorsichtige selbst bestimmen, wie viel Geld sie in ertragreiche, aber risikoreichere Aktien-ETF stecken wollen und wie viel in ertragsschwache, aber besonders sichere Sparformen wie Tagesgeld. Die Deutschen sind als vorsichtige Sparfüchse und Aktienmuffel bekannt. Das wollen wir ändern. Mehr dazu in diesem Buch ab S. 39.

Was heißt das eigentlich: Vorsicht bei der Geldanlage?

Wer Geld anlegt, setzt sich dem Marktgeschehen aus, also dem Auf und Ab von Kursen, Preisen und Zinsen. Diese Schwankungen machen das größte Risiko der Geldanlage aus. Zugleich gehören sie am Kapitalmarkt schlicht dazu, genauso wie der eine oder andere Verlust. Schließlich gilt die eherne Regel: Ohne Risiko gibt es auch keine Rendite.

Vorsichtige Anlegerinnen und Anleger tun also gut daran, Geld nicht in erster Linie renditeorientiert, sondern risikobewusst anzulegen. Dabei sollen sie zugleich aber stets im Kopf behalten, dass es zu den notwendigen Voraussetzungen für erfolgreiche Geldanlage gehört, ins Risiko zu gehen. Die Aufgabe lautet, eine Anlagestrategie zu finden, die beides leistet: Geld vermehren. Und zugleich ruhig schlafen können. Mehr über verschiedene Anlegertypen und die passenden Strategien lesen Sie ab S. 9.

Die Zinsen steigen. Soll ich mein Geld auf ein Sparbuch legen?

Nein. Zwar ist die Zinsflaute tatsächlich endlich vorbei. Doch trotz Zinswende liegen die Zinsen der besten Sparbuch-Angebote immer noch deutlich unter der Inflationsrate. Ihr Erspartes verliert also laufend an Wert. Das heißt: Wer am Sparbuch festhält, spart sich arm. Die bessere Wahl aufgrund höherer Zinsen bei gleicher Sicherheit ist ein Festgeldkonto. Selbst die besonders flexiblen Tagesgeldkonten bieten mehr Zinsen und sind ebenso sicher. Die momentan hohen Inflationsraten können auch die Renditen auf Tages- und Festgeldkonten nicht ausgleichen. Dennoch sind diese modernen Sparformen langfristig zweifellos die bessere Wahl. Mehr dazu ab S. 35 „Spareinlagen“.

Frisst die Inflation mein Vermögen auf?

Strom, Gemüse, Reisen: Zuletzt sind viele Preise sprunghaft angestiegen. Das bedeutet auch: Von dem Geld, das Sie zurückgelegt haben, können Sie sich jedes Jahr etwas weniger leisten. So nagt die Inflation Jahr für Jahr am Wert unserer Ersparnisse. Die gute Nachricht: Gegen den unaufhörlichen Verlust der Kaufkraft kann man etwas tun. Nämlich sein Geld in Sachwerte anlegen, zum Beispiel in Unternehmen, also Aktienanlagen, oder Häuser. Diese büßen nicht substanziell an Wert ein, wenn unser Geld an Wert verliert, sondern werden schlicht teurer. Mehr zum Schutz gegen die Inflation ab S. 26.

Was passiert mit meinem Geld, wenn meine Bank pleitegeht?

Es passiert zum Glück selten, kommt aber doch manchmal vor: Eine Bank muss Insolvenz anmelden. Die gute Nachricht: Wer in diesem Moment Geld auf dem Konto liegen hat, muss sich wenig Sorgen machen. Solche Guthaben sind bei uns gleich mehrfach gegen Bankenpleiten geschützt. Nur wenn es um Summen von über 100 000 Euro geht oder wenn die Bank aus dem Ausland stammt, ist Vorsicht angeraten. Die Details zur sogenannten Einlagensicherung und zu den europaweiten Schutzregeln erfahren Sie ab S. 139. Dort erklären wir außerdem, wieso Investmentfonds als Sondervermögen ebenfalls gegen eine mögliche Pleite des Anbieters immun sind und welche besonderen Regeln für Geld oder Schmuck im Schließfach gelten. Unterm Strich lautet die Botschaft: Ersparnisse, Anlageprodukte und Wertgegenstände sind bei einer Bank gut aufgehoben und lagern dort allemal sicherer als unterm Kopfkissen.

Bietet Gold eine krisensichere Anlageform?

Gold gilt vielen Menschen als sicherer Hafen in Krisenzeiten. Steigende Inflationsraten und Konjunktursorgen lassen Anlegende in das schimmernde Edelmetall flüchten – sozusagen als Versicherung für den „Worst Case". Schließlich hat Gold zahlreiche Währungsreformen und Kriege überstanden. Und wenn es an den Aktienmärkten bergab geht, kann Gold tatsächlich die Stabilität eines Portfolios verbessern. Doch lassen Sie sich nicht täuschen: Gold ist keine sichere Geldanlage, sondern starken Schwankungen unterworfen. Außerdem wirft Gold weder Zinsen noch Dividenden ab. Sie erhalten für Ihr investiertes Geld also keine regelmäßigen Zahlungen. Langfristig entwickelt sich Gold kaum besser als andere Geldanlagen. Wann Gold als Investment trotzdem sinnvoll sein kann, erfahren Sie im Abschnitt „Gold und andere Rohstoffe" ab S. 60.

Auf welchen Konten liegt mein Geld sicher und nachhaltig?

Nachhaltigkeit liegt im Trend, auch bei der Geldanlage. Wenn Sie nicht wollen, dass Banken mit Ihrem Geld Kredite an Ölkonzerne und Waffenproduzenten vergeben oder mit Nahrungsmitteln spekulieren, sollten Sie ein Konto bei einer Bank eröffnen, die Geld nach ethischen und ökologischen Kriterien verwaltet. Die Herausforderung: Wirklich nachhaltige Banken gibt es in Deutschland nur wenige. Viel Auswahl haben Sie also nicht. Darüber hinaus gibt es das Problem des Greenwashings – einige Institute stellen sich „grüner" dar, als sie es in Wahrheit sind. Wie Sie darauf nicht reinfallen und bei der Auswahl vernünftig vorgehen, lesen Sie im Abschnitt „Nachhaltige Hausbanken" ab S. 100.

Rendite ohne Sorgenfalten

Niedrige Zinsen und hohe Inflation nagen am Ersparten. Und die Börsen geraten weltweit in Krisen. Wer vorsichtig Geld anlegen will, benötigt einen Plan, um Risiken & Chancen realistisch zu sehen und im Gleichgewicht zu halten.

Wenn Sie dieses Buch zur Hand genommen haben, geht es Ihnen vermutlich so wie der Mehrheit der Deutschen: Bei der Geldanlage ist Ihnen die Sicherheit Ihrer Ersparnisse weitaus wichtiger als eine besonders hohe Rendite. Eine repräsentative Umfrage des Bankenverbands zur Geldanlage belegt die weitverbreitete Risikoscheu der Deutschen jedes Jahr aufs Neue besonders eindrücklich. Die Meinungsforscher kommen der Skepsis durch einen besonderen Umfragekniff auf die Spur: Sie fragen die Menschen, ob sie sich vorstellen könnten, bei der Geldanlage künftig ein höheres Risiko einzugehen, um damit gegebenenfalls eine höhere Rendite zu erzielen. Die Antworten aus der jüngsten Befragungswelle im Dezember 2021: Gerade mal 21 Prozent der Befragten können sich „sehr gut“ oder „gut“ vorstellen, mehr ins Risiko zu gehen, um Anlagechancen zu vergrößern. 27 Prozent sagen: „eher nicht“. Und die absolute Mehrheit der Deutschen (52 Prozent) ist „gar nicht“ bereit, ein höheres Anlagerisiko einzugehen. Die Risikoaversion ist in den vergangenen Jahren zwar leicht gesunken, aber nach den Analysen des Bankenverbands immer noch extrem weit verbreitet.

Sie befinden sich in jedem Fall in guter Gesellschaft, wenn Ihnen der Gedanke an Risiken bei der Geldanlage eine Gänsehaut verursacht. Andererseits ist aber auch klar: Jede Geldanlage, die darauf ausgelegt ist, eine Rendite einzubringen, ist zugleich immer mit dem Risiko verbunden, auch mal einen Verlust zu machen. Risikolose Erträge sind auf Dauer nicht erzielbar. Deshalb ist es ein Gebot der Klugheit, über seine eigene Risikoneigung genauso intensiv nachzudenken wie über die Ziele der Geldanlage – wie über zwei Seiten einer Medaille. Alles andere wäre unvorsichtig.

„Es ist ein Gebot der Klugheit, über seine eigene Risikoneigung genauso intensiv nachzudenken wie über die Ziele der Geldanlage.

Sie als vorsichtiger Mensch tun also gut daran, Ihr Geld nicht in erster Linie renditeorientiert, sondern risikobewusst anzulegen. Dabei sollten Sie zugleich allerdings stets auch im Kopf behalten, dass es zu den notwendigen Voraussetzungen für erfolgreiche Geldanlage gehört, ins Risiko zu gehen. Das ist kein Fehler, sondern bildet die Grundlage für eine gelungene Anlagestrategie, um die es in den folgenden Kapiteln ausführlich gehen wird. Die fundamentalen Botschaften lauten also:

- Es gibt keine risikolosen Erträge.
- Chancen und Risiken bei der Geldanlage hängen unmittelbar zusammen.
- Sie können beides durch Ihre Anlagestrategie beeinflussen.

Wichtig: Kümmern Sie sich um das, was Sie auch ändern können! Wenn die Börsen schwanken, wird auch dem größten Optimisten klar: Auf die Kursentwicklungen an den Märkten haben wir keinerlei Einfluss. Sie sind unvorhersehbar und entziehen sich unserer Kontrolle. Ähnlich ist es mit Gesetzen, Steuern oder staatlichen Unterstützungsleistungen. Das alles sind relevante Rahmenbedingungen für die Geldanlage. Andererseits sind sie aber weder planbar, noch lassen sie sich verändern.

Konzentrieren Sie sich also vor allem auf die Dinge, die Sie selbst planen und beeinflussen können. Entscheidend sind dabei vor allem zwei Faktoren. Erstens die Frage, wie viel Geld Sie überhaupt anlegen können und wollen – und auf welche Ziele Sie persönlich sparen. Zweitens die Frage, wo und wie Sie das Geld dann konkret investieren – also Ihre ganz persönliche Anlagestrategie. Auf diese beiden Faktoren sollten Sie sich stürzen, denn hier können Sie selbst wirksam handeln und die Dinge verändern.

Auch für das Gespräch mit Anlageberatern ist das übrigens ein guter Test: Geht es in dem Gespräch um individuelle Ziele, sind Sie an der richtigen Adresse. Dreht sich der Rat bloß um mögliche Steuerersparnisse oder es geht die ganze Zeit darum, wie Sie Ihr Geld angesichts einer akuten weltpolitischen Krise schützen können, dann sollten Sie skeptisch werden. Denn die künftigen Steuersätze oder Krisen der Zukunft kennt niemand, und selbst wenn Sie wüssten, was kommt, könnten Sie wenig daran ändern.

Was heißt Vorsicht bei der Geldanlage?

Kennen Sie das Spiel Schwarzer Peter? Oder die Reise nach Jerusalem? Was diesen und ähnlichen Kinderspielen gemein ist: Wer daran teilnimmt, weiß, dass man verlieren kann. Und obwohl doch von Anfang an klar ist, dass irgendwer den Schwarzen Peter zugeschoben bekommt und man mit großer Wahrscheinlichkeit irgendwann ohne Stuhl dasteht, wenn die Musik aufhört, spielen erstaunlich viele Menschen diese Spiele durchaus mit Freude und Vergnügen.

→ Chancen und Risiken abwägen

Der Ökonom John Maynard Keynes hat Spiele dieser Art schon im Jahr 1936 in seiner berühmten „Allgemeinen Theorie der Beschäftigung, des Zinses und des Geldes“ mit dem Geschehen am Kapitalmarkt verglichen.

Hier wie dort gehe es darum, im Wettkampf zu bestehen, so Keynes. Was im einen Fall die fehlenden Stühle sind, sei anderswo der immer mögliche Crash, der als Teil des Systems an der Börse nun mal dazugehöre. Um mit Spannung und Genuss dabei zu sein, so Keynes, müsse man daher gelernt haben, Chancen und Risiken sinnvoll abzuwägen.

Allerdings: So wie im Spiel die einen drängeln oder bluffen, während andere versuchen, möglichst wenig Aufmerksamkeit zu erzeugen, um durchzukommen, kann diese Chance-Risiko-Abwägung auch bei der Geldanlage zu ganz unterschiedlichen Ergebnissen führen. Die werden gemeinhin als Anlegertypen beschrieben, von sicherheits- bis gewinnorientiert oder auch risikoscheu bis risikofreudig (siehe Tabelle „Die Anlegertypen“, S. 12).

Die Übergänge zwischen den in der Tabelle schematisch verglichenen Anlegertypen sind fließend. Zudem hängt es auch von unserer finanziellen Lage, der Herkunft des Geldes, das wir anlegen, und dem ganz konkreten Anlageziel ab, wie wir uns im Einzelfall verhalten. Die Übersicht zeigt aber eines sehr deutlich auf: Vorsichtige Anlegertypen sind im Unterschied zu wagemutigen beziehungsweise spekulativen Typen grundsätzlich weniger am maximalen Gewinn orientiert. Sie versuchen vielmehr in erster Linie, möglichst wenig zu verlieren. Wie Sie das schaffen und Ihre Rendite dennoch optimieren, darum geht es in den folgenden Kapiteln dieses Buches.

Die Anlegertypen

Wie Menschen mit Geldanlage umgehen, das hängt von ganz unterschiedlichen Faktoren ab. Sicherlich spielt die finanzielle Lage dabei eine Rolle: Wer ein bisschen Geld übrig hat, tut sich leichter damit, auch mal zu spekulieren. Auch das konkrete Sparziel beeinflusst die Anlagestrategie: Altersvorsorge ist nun einmal etwas anderes als das Sparen für einen besonderen Urlaub oder die neue Küche. Neben solchen äußeren Einflüssen spielt aber auch die innere Einstellung eine entscheidende Rolle. Hier zeigt jeder Mensch andere Neigungen: Die eine sucht an jeder Ecke das Wagnis, freut sich auf neue Erfahrungen, der andere geht auf Nummer sicher, wählt im Zweifel lieber den bereits bekannten Weg. Vorsichtige Geldanlage ist also auch eine Sache der Lebens- und der Risikoeinstellung – eine Typfrage, wie die Übersicht schematisch zeigt.

	Vorsichtig	Ausgewogen	Wagemutig
Typische Grundeinstellung	Zurückhaltend bis defensiv, gewissenhaft, ruhig und gelassen, gegenwartsbezogen.	Ziel- und zukunftsorientiert, vorausschauend, planend, offen für Neues.	Wettkampforientiert, ehrgeizig, neugierig, extrovertiert, nervös.
Risikoeinstellung	Risikoscheu, Angst vor Verlusten dominiert.	Risikobewusst, ohne größere Wagnisse einzugehen.	Konzentration auf Chancen dominiert, bei positiven Erwartungen sehr hohe Risikobereitschaft ohne Scheu vor Verlusten.
Anlageziele	Kapitalerhalt, auf lange Sicht kontinuierliches Wachstum.	Kapitalanlage als Investment mit konkreter mittel- bis langfristiger Renditeerwartung.	Möglichst hohe Gewinne am Markt erzielen.
Motivation	Sicherheit schaffen und Vorsorge betreiben.	Gezielter Vermögensaufbau mit konkreten Zielen.	Finanziell besonders erfolgreich sein, möglichst erfolgreicher als andere.

Hauptsache ruhig schlafen? So gelingt's!

Einfach nur in aller Ruhe sparen? Dagegen spricht nichts, zumal Zeit und Streuung Ihre besten Verbündeten sind. Die Risiken auf dem Weg dorthin sollten Sie kennen und beherrschen.

Wer schon mal versucht hat, den Börsenkurs des nächsten Tages vorherzusagen, weiß: Mit solchen Prognosen kann man ganz schön baden gehen. Tatsächlich ist das Vorhaben ein Lotteriespiel. Dafür gibt es eine logische Erklärung: In einem Börsenkurs sind in unseren hoch effizienten Kapitalmärkten nämlich letztlich alle zu diesem Zeitpunkt bekannten Informationen verarbeitet. Wüsste jemand etwas, was die anderen Kapitalmarktteilnehmerinnen und -teilnehmer nicht wissen, dann würde derjenige schließlich versuchen, diese Information durch Käufe oder Verkäufe zu Geld zu machen – und damit automatisch den Kurs bewegen. Heißt umgekehrt: Der künftige Kurs einer Aktie wird sich nur bewegen, wenn bislang unbekannte Informationen dazukommen. Und die lassen sich nun mal nicht vorhersagen – denn dann wären sie ja nicht mehr unbekannt.

Ganz praktisch gesagt: Entscheidungen an Kapitalmärkten sind immer Entscheidungen unter Unsicherheit. Daran führt kein Weg vorbei. Entscheidend ist daher eine kluge Risikoabwägung.

Schritt 1: Risiken identifizieren

Bei der Geldanlage haben Sie es mit einer Vielzahl ganz unterschiedlicher Risiken zu tun. Manche davon können Sie umgehen oder ausschließen, anderen sind Sie ausgeliefert, sobald Sie am Kapitalmarkt aktiv werden. Der erste Schritt zur klugen Risikoabwägung ist daher ein scharfer Blick auf die unterschiedlichen Risikoarten:

- **Marktrisiko.** Der Begriff umfasst ganz grundsätzlich das Risiko, durch eine Investition Kursverluste zu erleiden. Das Marktrisiko lässt sich nach seinen Ursachen noch einmal in zwei Arten unterteilen: Zum einen stecken darin allgemeine oder auch systematische Risiken. Dazu gehören etwa die politische Lage, neue Gesetze, die Inflation oder auch die wirtschaftliche Großwetterlage. Der zweite Teil des Marktrisikos hängt spezifisch mit dem Anlageziel zusammen, für das Sie sich entschieden haben. Dazu gehören zum Beispiel schlechte betriebliche Entscheidungen eines Unternehmens, in das Sie angelegt haben, oder ein Strukturwandel in einer speziellen Branche. Dieser Teil des Marktrisikos heißt auch unsystematisches Risiko. Anders als das systematische Risiko, dem Sie ausgesetzt sind, sobald Sie am Kapitalmarkt aktiv werden, können Sie das unsystematische Marktrisiko durch kluge Anlageentscheidungen reduzieren oder sogar komplett umgehen.

- **Liquiditätsrisiko.** Das ist das Risiko, aus einem Investment nicht zu einem bestimmten Zeitpunkt das Geld zurückzubekommen. Wenn Sie beispielsweise ein Eigenheim besitzen oder erben und es verkaufen wollen, kann es sein, dass es viele Monate dauert, bis Sie jemanden finden, der es erwerben möchte. Es gibt auch Anlageformen, die Sie Monate im Voraus kündigen müssen, bevor Sie wieder an Ihr Geld kommen, etwa Festgeldanlagen, Sparbücher oder auch Offene Immobilienfonds mit besonderen Haltefristen. Manche Anlageformen können Sie vorzeitig gar nicht oder nur mit hohem Verlust verkaufen.
- **Emittentenrisiko.** Das ist das Risiko, dass der Aussteller eines Wertpapiers pleitegeht und zahlungsunfähig ist. Dann droht im schlimmsten Fall ein Totalverlust. Das Risiko besteht vor allem bei festverzinslichen Wertpapieren. Zwar sind solche Pleiten zum Glück selten, sie kommen aber durchaus vor – und zwar bei Industrieunternehmen genauso wie bei Banken oder sogar bei Staaten. Das bekannteste Beispiel aus der Vergangenheit ist sicherlich die US-amerikanische Investmentbank Lehman Brothers, die während der Finanzkrise im Jahr 2008 Insolvenz anmeldete. Daraufhin verloren auch in Deutschland viele Menschen Geld, die in sogenannte Anlagezertifikate der Bank investiert hatten. Diese Schuldscheine waren nach der Pleite wertlos.
- **Währungsrisiko.** Geld kann an Wert verlieren. Im Inland merken wir das durch die Inflation, im weltweiten Handel an den schwankenden Währungskursen. Und die treffen alle, die außerhalb des eigenen Währungsraums anlegen, also beispielsweise in den USA, in Großbritannien oder in der Schweiz. Der Umtausch solcher Wertanlagen in Euro kann mit Verlusten einhergehen. Währungskurse vorherzusagen ist selbst für Profis nahezu unmöglich. Wer dem Risiko entgehen will, muss sich daher dagegen versichern. Das macht man über Geschäfte zur Währungsabsicherung, auch Währungshedging genannt. Die kosten, wie jede Versicherung, Geld. Aber das ist allemal besser, als sich den Unwägbarkeiten der Währungsmärkte auszusetzen.
- **Zinsrisiko.** Zinserträge waren über viele Jahrzehnte eine sichere Einnahmequelle, und damit einer der Lieblinge unter vorsichtigen Anlegern. Im Nachlauf der weltweiten Finanzkrise senkten die Notenbanken dann aber weltweit

das allgemeine Zinsniveau so stark, dass Festgeldkonten, Staatsanleihen und zinsorientierte Kapitallebensversicherungen unterm Strich keinerlei Gewinne mehr einbrachten. Denn die äußerst geringen Zinserträge wogen nicht mal mehr die allgemeine Teuerung auf. Das Geld auf dem Festgeldkonto verlor an Wert, statt sich zu vermehren – der risikolose Zins hatte sich in ein zinsloses Risiko verwandelt. Nicht nur das allgemeine Zinsniveau, auch Zinsänderungen können ein Risiko darstellen.

Schritt 2: Risiken bewerten und begrenzen

Wie in Schritt 1 gesehen, lassen sich bei der Geldanlage Risiken nicht komplett ausblenden, wenn man sein Geld vermehren will. Denn schließlich findet Geldanlage immer unter Unsicherheit statt. Vorsichtige Anlegerinnen und Anleger gehen solche Risiken daher bewusst ein, weil sie dafür eine Rendite, einen Anlageertrag erwarten dürfen. Im besten Fall überwiegen die Chancen die Risiken – im Normalfall sollten sie zumindest im Gleichgewicht dazu stehen.

Das große Wort für den Weg zu diesem Ziel heißt Risikomanagement. Profis nutzen eine Menge unterschiedlicher mathematischer Formeln, um auszurechnen, in welchem Verhältnis Risiko und Rendite zueinander stehen, im Lauf der Zeit hat sich eine ganze Reihe von Kennziffern etabliert. An dieser Stelle soll ein Hinweis auf die zum Glück recht simplen Methoden für die Praxis reichen, die den Sinn für unterschiedliche Risiko-Ertrags-Verhältnisse schärfen können. Das Kapitel „Anlagestrategien“ ab S. 119 geht näher darauf ein, zum Beispiel auch auf unser Pantoffel-Portfolio (siehe dazu S. 122) für besonders bequeme Sparerinnen und Sparer.

Unabhängig von der Wahl der konkreten Anlagestrategie verdienen zwei Faktoren besondere Beachtung. Denn sie sind die beiden mächtigsten Verbündeten im Kampf gegen Risiken:

Die Streuung

Der genaue Blick in das Marktrisiko (siehe auch S. 13) hatte es offenbart: Wer das Risiko von Schwankungen bei der Geldanlage senken will, kämpft gleich gegen zwei Feinde: erstens gegen die systematischen Schwankungen des gesamten Marktes. Und zweitens gegen unsystematische Risiken einzelner Titel, wie schlechtes Management.

Die gute Nachricht lautet, gegen beide Erscheinungsformen des Marktrisikos hilft dasselbe Instrument: breite Streuung oder – noch etwas feiner ausgedrückt – Diversifikation. Denn wer sein Geld breit auf unterschiedliche Anlageklassen und Märkte verteilt und wer innerhalb dieser Märkte dann auch noch darauf achtet, eine breite Auswahl möglichst unterschiedlicher Titel zu berücksichtigen, der schützt sich dagegen, wenn im Einzelfall hohe Schwankungen aufkommen.

Die breite Streuung erweist sich in Studien tatsächlich regelmäßig als das einflussreichste Werkzeug für Anleger und Anlegerinnen, die ihr Risiko-Rendite-Profil optimieren wollen – zugleich liegen in vielen Depots schlicht zu wenige Einzeltitel.

→ Streuen, streuen, streuen!

Wenn Sie es sich leicht machen wollen, bauen Sie ein breit gestreutes Pantoffel-Portfolio auf (siehe S. 122). Für den Aktienteil reicht beispielsweise schon ein einziger breit investierter börsengehandelter Indexfonds (ETF) aus, um in weit über 1 000 einzelne Unternehmen zu investieren. Je nach Risikoneigung gehören zudem unterschiedliche Anlageklassen in unterschiedlicher Mischung in ein Depot. Details zur Auswahl und genauen Höhe der Anteile folgen in den nächsten Kapiteln.

Die Zeit

Zeit ist für die Geldanlage ein unverzichtbarer, wenn nicht der wichtigste Faktor überhaupt. Denn sie wirkt auf das Geld gleich dreifach – als Schubantrieb, Spurhalteassistent und Motivator.

- **Erstens: Die Zeit funktioniert wie der Schubantrieb bei einer Rakete.** Beim Start wirkt sie noch wie in Zeitlupe, dann aber beschleunigt sich die Fahrt immer mehr. Beim Geld ist es ähnlich: Anfangs wächst das Kapital langsam Stück für Stück. Doch nach und nach greift der Zinseszinseffekt, und es kommt zum exponentiellen Wachstum. Ein Beispiel: Wenn Sie 1000 Euro anlegen und damit 4 Prozent Rendite pro Jahr erzielen, haben Sie nach einem Jahr 40 Euro dazugewonnen, nach zehn Jahren 480 Euro und nach 20 Jahren 1191 Euro. Wer länger spart, spart also um ein Vielfaches mehr.
- **Zweitens: Die Zeit hat den gleichen Effekt auf das Geld wie die Geschwindigkeit beim Fahrradfahren.** Während bei den ersten Tritten in die Pedale Rad und Lenker noch gehörig wackeln, nehmen die Schwankungen deutlich ab, wenn man erst mal in Fahrt gekommen ist. Bei der Geldanlage ist das ähnlich. Auf kurze Sicht schwanken die Erträge deutlich mehr als auf Sicht von vielen Jahren und Jahrzehnten. Wie stark die Schwankungen auf lange Sicht sinken, zeigen Berechnungen des US-Vermögensverwalters J. P. Morgan eindrucksvoll: Das Unternehmen hat dazu die höchst unterschiedlichen Jahreserträge am Kapitalmarkt zwischen 1950 und 2021 angeschaut. Wer nur in einem dieser Jahre investiert war, konnte mit Aktien je nach Jahresverlauf bis zu 47 Prozent Gewinn machen – oder bis zu 39 Prozent Verlust. Wer dagegen innerhalb des Zeitraums fünf Jahre am Stück investiert blieb, konnte im besten

Historische Renditen mit Aktien, Anleihen und gemischten Portfolios

Die Grafik zeigt, welche jährlichen Renditen im besten und schlechtesten Fall möglich waren, wenn man durchgängig für 1, 5, 10 oder 20 Jahre investiert gewesen wäre – und zwar in allen möglichen Jahresabschnitten zwischen 1950 und 2021 („rollierend") mit verschiedenen Anlageklassen. Erkennbar: Bei längeren Haltedauern gab es selbst im schlechtesten Fall allenfalls geringe Verluste.

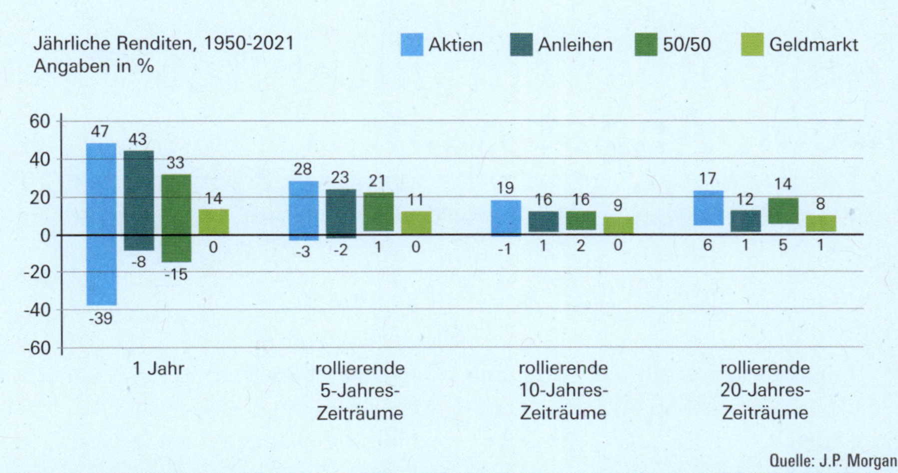

Quelle: J.P. Morgan.

Fall eine jährliche Rendite von 28 Prozent einfahren, im schlechtesten Fall waren es 3 Prozent Verlust pro Jahr. Bei beliebigen 20-Jahres-Zeiträumen schwankten die möglichen Renditen nur noch in einem Bereich zwischen 6 und 17 Prozent. Besonders wichtig: In keinem einzigen Zeitraum gab es mehr Verluste. Mit anderen Worten: Das Risiko bei der Geldanlage hängt extrem vom Zeitraum ab. Vor allem die Gefahr, Verluste zu erleiden, sinkt massiv, wenn man nur lang genug im Sattel bleibt. Es gibt zwar keine Garantie, dass das auch in Zukunft so bleibt. Aber es sprechen doch sehr viele gute Gründe dafür, dass sich zumindest der starke Zusammenhang zwischen steigender Anlagedauer und schrumpfenden Schwankungen fortsetzt.

- **Drittens: Die Zeit hilft dabei, dranzubleiben und Geldanlage als eine dauerhafte Aufgabe zu verfolgen.** Diese disziplinierende Wirkung der Zeit sollte man nicht unterschätzen. Gerade wer sich von schwankenden Kursen beeinflussen lässt und tendenziell aus Risikoscheu auch einmal darauf verzichtet, Geld anzulegen, kann so seine Angst überlisten: Mit einem lang laufenden Sparplan auf breit gestreute Aktien-ETF, der ähnlich wie die Miete oder der Beitrag zum Fitnessstudio Monat für Monat vom Konto abgeht, entsteht über die Zeit ein wachsendes Vermögen, ohne dass man sich jedes Mal neu aktiv dafür entscheiden muss.

Vorsicht ist ein guter Ratgeber, Angst nicht

Nicht nur der Bauch, auch unser Kopf spielt uns manchmal einen Streich. Für die erfolgreiche Geldanlage ist es wichtig zu wissen, wo psychologische Fallen lauern.

Haben Sie schon einmal vom Homo oeconomicus gehört? Wirtschaftswissenschaftler nutzen den Begriff gern, wenn sie darauf hinweisen wollen, dass die Wirtschaftsmenschen, deren Tun und Lassen sie beschreiben, nach rationalen Erwägungen handeln – und dabei stets auf ihren persönlichen Nutzen bedacht sind. Das ist hilfreich, denn wenn der Kopf über den Bauch gewinnt, ist es viel leichter, eine Entscheidung zu erklären.

Der Haken an der Sache: Was im Modell seinen ganz eigenen Charme entfalten kann, kommt in der Wirklichkeit nicht vor. Unsere Entscheidungen sind durch und durch von Gefühlen geleitet und hängen vom Blickwinkel ab, von dem aus wir die Welt betrachten. Es ist sogar noch schlimmer: Selbst, wenn wir über eine Sache nachdenken, kann es uns passieren, dass wir keinesfalls die klügste, den Nutzen maximierende Entscheidung treffen – sondern komplett danebengreifen. Das kann uns bei der Geldanlage teuer zu stehen kommen.

Die gute Nachricht: Wer typische Denkfallen kennt, stolpert seltener darüber – auch das ist erwiesen. Und für vorsichtige Anlegerinnen und Anleger ist es ganz besonders relevant. Denn beim Thema Anlegerpsychologie dreht sich vieles um Risiken und Ängste.

Falle 1: Verlustangst

Auto fängt mit „Au“ an und hört mit „o“ auf. Da hat man den Wagen gerade noch mit Ach und Krach durch den Tüv gebracht, und ein paar Tage später streikt das Getriebe. Was tun? Die rationale Abwägung dazu wäre: mit der Werkstatt darüber nachdenken, ob die teure Reparatur noch lohnt oder ob es Zeit wird für eine Neuanschaffung. Wir aber denken spontan: Nach der teuren Rechnung für den Tüv wäre es doch jammerschade, es nicht noch einmal zu versuchen. Der Grund: Wir verknüpfen im Kopf die beiden Rechnungen, als hingen sie zusammen. So versuchen wir, den ersten Verlust abzumildern, indem wir dem schlechten, also schon verlorenen Geld noch weiteres gutes Geld hinterherwerfen. Klingt widersinnig? Kommt aber im Alltag immer wieder vor.

→ Anlegerpsychologie: Wie würden Sie entscheiden?

Eines der bekanntesten Experimente zum Risikoverhalten von Anlegerinnen und Anlegern stammt von den US-amerikanischen Psychologen Daniel Kahneman und Amos Tversky. Kahneman erhielt für seine Forschung sogar den Wirtschaftsnobelpreis. Der Test geht so:

Stellen Sie sich vor, Sie sind zu einem Spiel eingeladen.

A) Sicherer Gewinn von 1 000 Euro.
B) 50-prozentige Chance auf 2 000 Euro, 50-prozentige Chance, nichts zu gewinnen.

Rein mathematisch sind beide Entscheidungen gleichwertig. Tatsächlich aber entschieden sich mehr Menschen für A und mieden das Risiko, leer auszugehen. Obwohl ein doppelter Gewinn lockte. Psychologen nennen das Risikoaversion.

Die Forscher starteten daraufhin ein zweites, mathematisch identisches Experiment:

A) Sicherer Verlust von 1 000 Euro.
B) 50-prozentige Chance, nichts zu verlieren, 50-prozentiges Risiko, 2 000 Euro zu verlieren.

Ahnen Sie, was passierte? Tatsächlich entschieden sich jetzt mehr Menschen für B, klammerten sich also an die Hoffnung, dem Verlust zu entgehen. Nachdem die Forscher nach und nach den Einsatz veränderten, konnten sie sogar messen, wie stark dieser Effekt ist: Der Frust bei Verlusten wiegt offenbar zwei bis drei Mal so stark wie die Freude an Gewinnen. Psychologen nennen das Verlustangst.

Das Zusammenspiel von Risikoaversion und Verlustangst können Sie Abend für Abend in Spielbanken beobachten. Nach einer Glückssträhne werden Menschen oft ängstlich, spielen nur noch mit geringen Einsätzen und vergleichsweise sicheren Wetten. Diejenigen, die schon viel Geld verloren haben, werden immer wagemutiger, versuchen, ihre Verluste wieder aufzuholen.

So sehr schmerzen Verluste

Psychologen können zeigen: Wenn wir Geld verlieren, schmerzt uns dieser Verlust nicht immer gleich stark. Vielmehr nimmt der Schmerz bei höheren Verlusten ab. So führt ein Verlust von beispielsweise 20 Prozent zu einer hohen emotionalen Belastung. Erhöht sich der Verlust dann auf 40 Prozent, verdoppelt sich der Schmerz nicht, sondern wird weitaus weniger dramatisch bewertet.

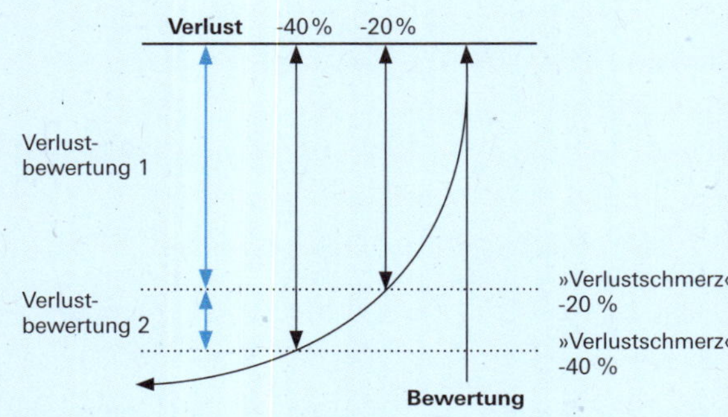

Auch bei der Geldanlage passiert das allzu oft: Ein Fonds oder eine Aktie macht Verlust? Damit wollen wir uns erst mal nicht abfinden und suchen nach Wegen, das Geld wieder reinzuholen. Im schlimmsten Fall werfen wir dann dem guten Geld weiteres Geld hinterher, bloß weil wir starrsinnig recht behalten wollen.

Und es kommt noch schlimmer: Haben wir erst einmal Verluste hinnehmen müssen, dann schmerzen uns weitere Verluste nicht mehr so sehr – auch das haben Psychologen in Experimenten immer wieder nachgewiesen. Wir finden uns offenbar nach und nach damit ab, auf der Verliererstraße zu sein. Demgegenüber bleibt stets die Hoffnung, dass es wieder aufwärts geht und wir die Verluste wieder aufholen können. Gerade vorsichtige Menschen neigen dazu. Emotional gesehen ist es dann schwierig, Verluste einfach zu akzeptieren.

Das lässt sich alles in drei Punkten zusammenfassen.

1. Wir geben ungern zu, wenn wir eine falsche Entscheidung getroffen haben.
2. Wir richten Entscheidungen für die Zukunft an den Kosten der Vergangenheit aus.
3. Gerade vorsichtige Menschen klammern sich lange an die Hoffnung auf Besserung.

Der wichtigste Weg aus dieser Denkfalle: Akzeptieren Sie versunkene Kosten als das, was sie sind, unwiederbringliche Verluste aus der Vergangenheit, die keinen Einfluss auf das Geschehen in der Zukunft haben.

In der Literatur heißt der Effekt, zu lang den Kosten der Vergangenheit nachzuhängen, übrigens auch „too much invested to quit". Machen Sie sich also besser klar: Die Kursentwicklungen der Vergangenheit haben keinerlei Einfluss auf die Zukunft. Das steht heute tatsächlich nicht umsonst in jedwedem Werbeprospekt für Finanzprodukte.

Falle 2: Herdentrieb

Menschen sind Herdentiere. Jedenfalls verhalten sie sich in vielen sozialen Situationen so: Sie schwimmen mit dem Strom, tanzen selten aus der Reihe, streben nach Harmonie und Konsens – und wollen in der Mehrheit zur Mehrheit gehören. Dieser Herdentrieb, manche sagen auch Gruppendruck, führt am Kapitalmarkt immer wieder zur Blasenbildung, dazu, dass sich Tendenzen verstärken, dass im Boom wie im Crash Übertreibungen entstehen.

Ein Grund für die Orientierung am Verhalten anderer, das Nachahmen der Mehrheitsstrategie, das Festhalten an der herrschenden Meinung, ist nach der Einschätzung von Hirnforschern und Sozialpsychologen tief im menschlichen Lernverhalten verankert. Demnach ist Imitation eine Strategie, die wir typischerweise in Situationen einsetzen, in denen wir an die Grenzen unserer eigenen Erkenntnisse gelangen – es also auch nicht besser wissen. In solchen Fällen ist es durchaus klug, sich an denen zu orientieren, die sich offenbar bereits an eine neue Lage angepasst und beispielsweise einen Markt verlassen oder in ein aufstrebendes Unternehmen investiert haben.

Problematisch wird der Herdentrieb in Momenten, in denen einflussreiche Vordenker oder wagemutige Innovatoren alle möglichen Menschen mit einer Anlageidee anstecken, die eigentlich gar nicht zu deren Risikoprofil passt. So etwas ist zuletzt beispielsweise bei Kryptowährungen passiert. In bestimmten Kreisen entstanden hier regelrechte Meinungsblasen.

Zusammengefasst:

- Wer selbst keine besseren Erkenntnisse hat, kann sich am Verhalten von Vordenkern orientieren, um davon zu lernen.
- Voraussetzung ist allerdings, sich über die Qualität, Absichten und Risikoneigung der Tippgeber zu informieren.

Ein Beispiel dafür, wie der Herdentrieb Menschen gemeinsam in die Irre führen kann, beschreibt der US-Ökonom und Nobelpreisträger Robert J. Shiller in seinem Standardwerk „Irrationaler Überschwang“, in dem er sich mit den Ursachen für lang anhaltende Schwächephasen an der Börse befasst:

Shillers Gedankenexperiment startet mit zwei nebeneinander liegenden Restaurants. Ein Gast, der vor den leeren Lokalen steht, muss sich von außen für eines entscheiden und wählt nach dem optischen Eindruck. Der zweite Kunde hat nun nicht nur die Optik vor Augen, sondern sieht auch bereits einen Gast in einem der beiden Lokale sitzen. Er verlässt sich auf dessen Urteil. Beim dritten Gast sind in dem einen Lokal bereits zwei Tische besetzt. Am Ende sitzen alle im selben Restaurant, obwohl es womöglich das schlechtere der beiden ist. Denn die gesamte Entscheidungskette lief über bloße Imitation und Beobachtung, statt über Recherche oder eine echte Überlegung. Verstärkt wird dieser Effekt noch dadurch, dass Menschen dem Verhalten, das sie bei anderen beobachten, regelmäßig ein höheres Gewicht beimessen als ihren eigenen Informationen. Und das selbst dann, wenn sie weder deren Motive noch die Qualität ihres Urteils kennen.

Shillers Fazit: Hätten die Gäste ihre Eindrücke vom Restaurant miteinander besprochen, wäre es möglich gewesen, zu einem informativen Urteil zu kommen. Die bloße Nachahmung eines Verhaltens, ohne sich selbst Informationen zu beschaffen, hat dagegen zu einer irrationalen Informationskaskade geführt.

Falle 3: Selbstüberschätzung

Hinterher ist man immer schlauer. Das allein wäre noch kein Problem für die Geldanlage, bloß paart sich diese wenig überraschende Erkenntnis mit einer menschlichen Untugend: Wir haben gerne recht. Und wir überschätzen gern unser Wissen und Können. Mischt sich die Überzeugung, häufig das Richtige zu tun, mit dem Streben danach, unbedingt das Richtige getan haben zu wollen, kann das in einer doppelten Fehleinschätzung enden: Wir treffen erst schlechte Anlageentscheidungen und bestätigen uns im Nachhinein auch noch darin. Denn Anlageerfolge schreiben wir tendenziell unseren eigenen Fähigkeiten zu, während wir Misserfolge mit unvorhersehbaren Ereignissen begründen, mit Zufällen oder, noch schlichter, mit Pech.

Börsenpsychologinnen und -psychologen beschreiben das auch als „Course of Knowledge", als Fluch des (vermeintlichen) Wissens: Anleger sind im Nachhinein nur selten überrascht von den Entwicklungen der Vergangenheit, finden schnell plausible Erklärungen dafür – und rationalisieren ihre eigenen Entscheidungen. Hat man vorher die Lage anders eingeschätzt, findet man rasch gute Gründe dafür, warum es doch anders gekommen ist, ja womöglich gar kommen musste. So verzerren wir bei der Rückschau oft systematisch unsere früheren Einschätzungen, statt zuzugeben, dass wir uns schlicht geirrt oder eine Information nicht beachtet haben.

Gerade in unsicheren Zeiten wollen Menschen ungern die Kontrolle verlieren. In solchen Lagen ist die Selbstüberschätzung oft noch ausgeprägter, zeigen psychologische Studien: Alles im Griff, die Kurse werden schon wieder steigen, die Inflation wird abflauen, die Wirtschaft wieder auf die Beine kommen. Diese Kontrollillusion wird dann so lang aufrechterhalten, bis sich die Fakten nicht mehr leugnen lassen. Jetzt übernimmt der Stress das Steuer. Und es kommt womöglich zu weiteren Fehlentscheidungen, wie panikartigen Verkäufen.

Zusammengefasst:

- **Viele Anleger überschätzen ihre Fähigkeiten** und ihren Informationsstand. Das fällt häufig nicht mal auf, weil wir im Nachgang auch schlechte Entscheidungen rationalisieren.

- **Gerade in Zeiten, die Investoren als unsicher empfinden,** steigt so die Gefahr, einer Kontrollillusion aufzusitzen. Das bedeutet auch: Vorsichtige Anlegerinnen und Anleger sind besonders anfällig dafür.

Der Psychologe Daniel Kahneman widmet der Selbstüberschätzung in seinem bekanntesten Buch „Thinking, fast and slow" („Schnelles Denken, langsames Denken") gleich ein ganzes Kapitel. Dabei weist er auf eine besonders wichtige Ursache für voreilige Schlüsse hin: die WYSIATI-Regel.

Uns fehlt also das Urteilsvermögen, die eigene (...) Informationsgrundlage kritisch zu bewerten und zu hinterfragen.

„Nur was man gerade weiß, zählt." So klingt die deutsche Übersetzung der WYSIATI-Regel (What you see is all there is), die Wirtschafts-Nobelpreisträger Daniel Kahneman als wichtigsten Grund für sogenannte Urteilssprünge ansieht, zu denen wir uns alle immer wieder hinreißen lassen.

Im Prinzip geht es darum, dass wir oft auf Grundlage unvollständiger Information beziehungsweise einer beschränkten Datenbasis handeln müssen. Der entscheidende Punkt ist nun: Wenn wir in einer solchen Lage das Gefühl haben, schnell entscheiden zu müssen, dann sind wir nicht mehr in der Lage zur Selbstkritik. Uns fehlt also das Urteilsvermögen, die eigene – oftmals äußerst bescheidene – Informationsgrundlage kritisch zu bewerten und zu hinterfragen. So blamierten sich in einer breit angelegten Studie beispielsweise die Finanzvorstände der größten US-amerikanischen Unternehmen: Sie sollten die Wertentwicklung eines großen Aktienindex für das Folgejahr vorhersagen – und lagen krachend derart daneben, dass sie im Schnitt nicht einmal die Richtung der Kursentwicklung korrekt vorhersagten.

Dramatischer als der kollektive Irrtum war allerdings, mit welch großer Überzeugung die Vorstände ihre Prognosen vortrugen. Sie schienen sich ihrer Sache überaus sicher: „Die eigentlich schlechte Nachricht ist, dass die Finanzvorstände anscheinend nicht wussten, dass ihre Vorhersagen wertlos sind", schrieb Kahneman. Für ihn ein klassischer Fall von Selbstüberschätzung aufgrund der WYSIATI-Illusion. Die Vorstände stützen ihre Prognosen auf die Informationen, die ihnen gerade einfielen, und entwickelten dazu eine passende Geschichte, um den Schätzwert zu rechtfertigen. Informationen zu berücksichtigen, die sie gerade nicht hatten, fiel ihnen nicht ein. Eine fatale Selbstüberschätzung, die sie schlicht vergessen ließ, dass sich Kurs- und Renditeentwicklungen kurzfristig gar nicht vorhersehen lassen.

Falle 4: Ungeduld

Wie lange denken Sie nach, bevor Sie sich für den Kauf oder Verkauf eines Anlageprodukts entscheiden? Und vor allem: Worüber denken Sie nach? Wenn wir ehrlich sind, wälzen die wenigsten von uns Bilanzen, ackert sich kaum jemand durch einen Anlageprospekt, stellen wir nur in Ausnahmefällen Berechnungen an, bevor wir uns für oder gegen etwas entscheiden. Viel häufiger handeln wir aus Gewohnheit, nutzen Faustregeln und lassen uns von Gefühlen leiten. Ausgedrückt in der Sprache der Prospekt-Theorie, die sich mit Entscheidungen unter Unsicherheit befasst, verhalten wir uns genauso wie nervöse Frösche. Wir hüpfen erratisch auf und ab.

> **Die „Nervöser-Frosch-Haltung" verstärkt nachweislich bestehende Trends und Entwicklungen an den Märkten.**

Paart sich die Ungeduld mit einem besonderen Hang zur Vorsicht, schlägt die Gewohnheit jede Analyse. Die Konsequenz: Das Marktgeschehen wird nach Analysen von Psychologen genauso stark von impulsiven Reaktionen bestimmt wie von systematischer Informationsverarbeitung. Anders gesagt: Im Boom und im Crash setzt der Verstand besonders häufig aus – und Ziele, Erwartungen oder Wunschdenken übernehmen das Ruder zur Entscheidungsfindung. Die „Nervöser-Frosch-Haltung" verstärkt nachweislich bestehende Trends und Entwicklungen an den Märkten.

Zusammengefasst:

- **Menschen handeln oft weitaus weniger strategisch** oder analytisch, als sie denken. Gerade im Stress regiert die Ungeduld.
- **Wer sich disziplinieren will,** kann seine Nervosität zügeln, indem er sich bewusst nicht vom Tagesgeschehen beeinflussen lässt und Anlageziele langfristig weiterverfolgt.

Falle 5: Endowment-Effekt

Die letzte große Falle, in die Sie als Anlegerin oder Anleger tappen können, hängt mit unserem Verhältnis zum Besitz zusammen: Was uns gehört, macht uns glücklich, stolz und zufrieden. Das bedeutet, es geht bei der Geldanlage nicht nur um Geld, sondern auch um Gefühle. Psychologen sprechen dabei vom sogenannten Endowment-Effekt oder auf Deutsch vom Besitztumseffekt.

Nun ist gegen gute Laune nach dem Shopping wenig einzuwenden – bei der Geldanlage hat die Sache aber ihre Tücken. Denn wer sich über ein Investment besonders stark freut, trennt sich nicht nur schwer davon (siehe Falle 1). Anders gesagt: Er oder sie fügt bei der psychologischen Buchhaltung dem finanziellen Wert noch so etwas wie einen emotionalen Wert hinzu.

Was uns gehört, ist uns ganz besonders lieb und teuer.

Das Ergebnis klingt bizarr, lässt sich aber in Experimenten immer wieder nachweisen: Wir haben nach dem Kauf eines Anlageproduktes oft das Gefühl, dass dessen Wert höher liegt, veranschlagen daher einen höheren Preis dafür, als wir selbst beim Kauf bereit wären zu bezahlen. Anders gesagt: Ein Anlageprodukt, das wir besitzen, muss im Wert erst mal steigen, bevor wir wieder bereit sind, es abzugeben. Der Effekt ist nicht bei jedem Kauf gleich hoch, aber Sie kennen ihn bestimmt, sei es bei Karten für ein Konzert, auf das Sie sich sehr freuen, beim geerbten Aktiendepot der Oma oder nach dem Kauf der Wohnung, in der Sie leben. Auch der kostenlose Probemonat fürs neue Abo zielt auf das Gefühl, nicht mehr abgeben zu wollen, was man hat.

Zusammengefasst:

- **Besitz löst bei uns oft positive Emotionen aus,** sodass wir uns ungern von Dingen trennen. Am Kapitalmarkt verzerrt dieser Effekt die Preise: Verkaufspreise liegen tendenziell höher als die Preise, die Käufer bereit sind zu zahlen.
- **Die Verbundenheit mit Dingen steigt im Lauf der Zeit.** Daher fällt es uns tendenziell noch schwerer, uns von solchen Gütern zu trennen, die wir schon sehr lang besitzen. Was seit Jahren im Regal steht, wollen wir nicht mehr abgeben.
- **Studien zeigen,** dass gerade vorsichtige Menschen besonders empfänglich sind für den Endowment-Effekt, da sie Veränderung und Verlust ohnehin scheuen. Umso wichtiger ist emotionale Disziplin: Versuchen Sie, die gefühlsmäßige und finanzielle Rendite im Kopf sauber zu trennen.

→ Haben wollen: So sehr hängen wir am Besitz

Eines der berühmtesten Experimente zum Endowment-Effekt zeigt: Selbst zu Kaffeebechern bauen wir Beziehungen auf, die den Wert deutlich steigern. Im Experiment bekam eine Gruppe von Versuchspersonen einen Kaffeebecher geschenkt. Sie sollten anschließend sagen, zu welchem Preis sie bereit waren, ihn zu verkaufen. Einer zweiten Gruppe bot man dieselbe Tasse zum Kauf an. Ergebnis: Die Verkäufergruppe verlangte im Schnitt über 7 US-Dollar. Die Käufer waren im Mittel bereit, rund 3 US-Dollar zu zahlen. In zahlreichen Varianten des Experiments zeigte sich, dass der pure Tassenbesitz offenbar bereits zu einer wahrgenommenen Wertsteigerung führte.

Quelle: Experimental Tests of the Endowment Effect and the Coase Theorem; Daniel Kahneman, Jack L. Knetsch, Richard H. Thaler, Journal of Political Economy, 1990.

Inflation und andere Turbulenzen

Sicherheitsbedürfnisse sind in unsicheren Zeiten besonders groß – und besonders schwer zu befriedigen. Das können Sie tun, um das Geld auch im rauen Klima beisammenzuhalten.

Die Zeiten sind ungemütlich. Gefühlt reiht sich seit einigen Jahren Krise an Krise, hangeln wir uns in immer schnellerer Folge vom Immobiliencrash zur Finanzkrise, von Corona zu Überschwemmungen, von Brexit zum Krieg. Die internationalen Lieferketten sind seit mehreren Jahren gestört, die weltweite Wirtschaftsleistung ist geschrumpft, die Preise für Energie und Nahrungsmittel sind massiv gestiegen. Währenddessen produziert die Klimakrise immer neue Unwetter und Katastrophen.

All das geht auch an den Kapitalmärkten nicht spurlos vorüber: Die Schwankungen haben allgemein stark zugenommen. Und vor allem die Inflation setzte zuletzt den Ersparnissen zu. In solch turbulenten Zeiten ist Vermögensaufbau, der diesen Namen verdient, nur noch möglich, wenn Sparerinnen und Sparer bei der Geldanlage gewisse Risiken eingehen. Denn den wichtigsten Schutz gegen Inflation bietet die Kapitalanlage in sogenannte Sachwerte, die im Unterschied zu Geldwerten eben nicht substanziell an Wert einbüßen, wenn die Kaufkraft schrumpft. Die Überlegung dahinter ist einleuchtend: Ein Sachwert wie ein Haus, ein knappes Gut wie Gold oder auch ein Unternehmen, das mit seinen Menschen und Maschinen Waren produziert, kann sich gegen die Inflation schützen, weil mit dem sinkenden Geldwert die Preise steigen. Die Voraussetzung dafür ist natürlich, dass sich noch genug Menschen finden, die bereit und in der Lage sind, die entsprechenden Waren auch bei steigenden Preisen noch zu bezahlen. Womöglich sind sie auch schlicht darauf angewiesen. Ist das gegeben, können Anlegerinnen und Anleger auf einen langfristigen Wertzuwachs hoffen – zum Preis gewisser Schwankungen.

Zu den Sachwerten zählen übrigens Aktien, Immobilien, Edelmetalle, Kunstwerke oder Sammelgegenstände, mit denen man handfestes Eigentum erwirbt. Dagegen sind Zinsanlagen wie Anleihen, Sparbücher oder Festgeldkonten reine Geldwerte, die mit steigender Inflation Kaufkraft einbüßen.

Ob sich der Kauf eines Sachwerts im Einzelfall bezahlt macht, zeigt sich allerdings immer erst im Nachhinein. Diese Unberechenbarkeit lässt viele etwa vor Aktien-

Checkliste

Inflation? Richtig mischen!

- ☐ **Aktienfonds.** Breit gestreute, weltweit anlegende Aktienfonds sind wegen ihrer hohen Renditechancen eines der besten Mittel gegen Inflation. Zwar schwanken die Kurse relativ stark, doch bei einer Anlagedauer von mindestens zehn Jahren ist das Risiko überschaubar. Anders als Immobilien sind sie auch für kleines Geld zu haben.
- ☐ **Zinsanlagen.** Auch bei bescheidenen Zinsen sind Zinsanlagen ein wichtiger Stabilitätsanker für die Geldanlage. Tagesgeld und Festgeld sind erste Wahl, Rentenfonds eignen sich als eine mögliche Ergänzung.
- ☐ **Immobilien.** Eine Immobilie als Kapitalanlage sollten Sie nur kaufen, wenn Sie schon eine gut aufgestellte Geldanlage haben. Dann kann sie in der richtigen Lage ein preisstabiler Sachwert sein.
- ☐ **Gold.** Es eignet sich zur Beimischung in einem gut gestreuten Depot mit einem Anteil von maximal 10 Prozent.

Weitere Infos zur passenden Anlagestrategie finden Sie ab S. 119.

investments zurückschrecken, selbst wenn die Schwankungen auf lange Sicht geringer sind und sich ausgleichen, wie wir im Abschnitt „Die Zeit“, S. 16, gesehen haben. Auch bei einem Haus oder Grundstück weiß man nie, wie sich der Wert in zehn oder zwanzig Jahren entwickeln wird, hier kann es ebenfalls zwischenzeitlich zu Preiseinbrüchen kommen, selbst wenn die Preise auf ganz lange Sicht bei den meisten Sachwerten nach oben zeigen.

Ein zusätzlicher Rat, der auch in schwankungsreichen Zeiten hilft, lautet: Bei der Geldanlage breit streuen. Selbst wenn das allgemeine Zinsniveau mal wieder sinkt, sollten Sie daher nicht auf Zinsanlagen verzichten, die die Stabilität bei der Vermögensanlage erhöhen können, weil sie keinen großen Wertschwankungen ausgesetzt sind. Mit Zinsanlagen bleiben Sie außerdem flüssig. Das ist im Hinblick auf unerwartete Engpässe oder kurzfristig notwendige Anschaffungen ein Muss. Eine entsprechende Reserve ermöglicht es schließlich, Aktienbestände nach einem kräftigen Kursrückgang aufzustocken.

Bankberatung zum Vergessen

Im Bankvertrieb wird mit Angst und Sorgen viel Geld verdient. Von welchen Produkten und Ideen Sie besser die Finger lassen.

Geschäfte mit der Angst waren immer schon einträglich. Gerade vorsichtige Anleger sollten daher hellhörig werden, wenn Finanzdienstleiter, Fondsgesellschaften oder Anlageberaterinnen mit Garantien, Kapitalschutz, Wertsicherung, Spar- und Schatzbriefen, besonders hohen Festzinsangeboten und anderen wohlklingenden Sicherheitsmerkmalen und -mechanismen werben. Dahinter stecken nämlich häufig teure und teilweise auch völlig untaugliche Produkte für die Geldanlage.

→ Warnliste Geldanlage

Die Stiftung Warentest führt eine monatlich aktualisierte Warnliste über dubiose, unseriöse oder sehr riskante Anlageangebote, zu finden unter test.de/warnliste. Sie enthält kostenfrei alle in den vergangenen zwei Jahren negativ bewerteten Anlageangebote, Fälle unseriöser Finanzvermittlung und -beratung und betrügerische Finanzportale. Besonders viele Einträge beziehen sich auf fragwürdige Unternehmensbeteiligungen, auch solche, die als vermeintlich sichere Festzinsanlagen getarnt werden.

Beratung und Verkauf

Die wichtigste Regel für den Umgang mit Finanzberatern und -beraterinnen lautet: Machen Sie sich klar, dass Sie in der Regel nicht in einem Beratungstermin sitzen, sondern in einem Verkaufsgespräch. Gerade wenn Sie für die Beratung selbst nichts bezahlen, ist das letztlich ein Gebot der Logik. Denn Banken, Sparkassen oder Finanzvertriebe verdienen nur an Ihnen, wenn Sie im Anschluss auch ein Produkt erwerben. Übrigens gilt für Anbieter, die sich „unabhängig" nennen, dasselbe Prinzip: Die Beratung selbst dient in allererster Linie dazu, auf bestimmte Angebote aufmerksam zu machen, für die die Vermittler nach Verkauf besonders hohe Vertriebsprovisionen kassieren und zum Teil anschließend auch noch Bestandsprovisionen, solange die Kundinnen und Kunden die Anlageprodukte im Bestand halten.

Das ist alles nicht schlimm und auch kein Skandal. Nur wird in den Gesprächen oft so getan, als gehe es ausschließlich um die Finanzen der Kunden. Dabei ist es nun mal in Wahrheit so, dass die Anbieter allzu gerne das anpreisen, woran sie am meisten verdienen, und die für Kunden besonders günstigen Produkte nicht ganz so gern verkaufen. Diese Verkaufsstrategie wiederum steht offensichtlich in einem Widerspruch zum Interesse von Anlegerinnen und Anlegern, für die jeder Kostenblock zulasten des Ertrags geht.

Die einzige Form der Finanzberatung, die nicht zugleich ein Verkaufsgespräch darstellt, ist eine Beratung gegen Honorar und ohne Provisionen. Einen guten Überblick über die verschiedenen Arten der Beratungsangebote von der Bank über die unterschiedlichen Vertretertypen und die Makler bis zu den Honorarberatern und -beraterinnen hat das Bundesministerium der Justiz (BMJ) im Internet zusammengestellt: https://wegweiser-finanzberatung.de/

Zusammengefasst: Führen Sie sich immer vor Augen, dass Beraterinnen und Berater Geld mit dem Verkauf von Produkten verdienen. Fragen Sie im Zweifel nach, wie hoch die Provisionen sind – und ob es preiswerte Alternativen gibt.

Garantieversprechen

Wie schon erläutert, gibt es keine Renditen ohne Risiko. Daher sind Anlageprodukte, die eine Garantie gegen Verluste versprechen, entweder unrentabel oder unseriös. Bestes Indiz dafür: Selbst die Lebensversicherer haben sich davon verabschiedet. Jahrzehntelang hatten sie gute Geschäfte mit Policen gemacht, die nicht nur Verluste ausgeschlossen, sondern sogar lebenslange Garantiezinsen versprochen haben. Das aber ist angesichts der Zinsentwicklung auf Dauer schlicht nicht mehr zu stemmen. Und was für Versicherungen gilt, das gilt erst recht für andere Anlageprodukte.

Im moderneren Gewand lösen nun sogenannte Wertsicherungskonzepte die Garantien ab, gern verpackt mit wohlklingenden Werbebegriffen wie „Airbag“, „Protect“, „Lock-In“ oder „Kapitalschutz“. Die wiederum funktionieren nicht als formelle Garantien, sondern sollen Verluste bloß möglichst vermeiden. Dazu kommen dann oft komplexe Absicherungsgeschäfte zum Einsatz, vor allem sogenannte Futures und Optionen. Klingt kompliziert – und ist auch für Laien kaum nachvollziehbar. Hier gilt die Regel: Niemand sollte Geld in ein Produkt investieren, dessen Funktionsweise er oder sie nicht versteht. Zumal die kaum kalkulierbare Wertentwicklung solcher Angebote meist mit zusätzlichen Kosten einhergeht. Gerade bei Anlagezertifikaten und anderen Zinsanlagen ist diese Kombination besonders häufig anzutreffen.

Zusammengefasst: Lassen Sie sich keine Produkte mit Garantien verkaufen. Denn es ist schlicht nicht möglich, gleichzeitig Vermögen aufzubauen und dabei zu jeder Zeit jeden Verlust mit Sicherheit zu verhindern. Ein Auto beschleunigt ja auch nicht, wenn man beim Gasgeben gleichzeitig auf die Bremse tritt. Bei Produkten mit sogenannten Wertsicherungskonzepten lassen Sie sich vorab erklären, wie diese funktionieren sollen und was sie kosten. Oft sind sie für das, was sie leisten, viel zu teuer.

Checkliste

So erkennen Sie unseriöse Festzinsangebote

Je mehr der folgenden Merkmale auf ein Angebot zutreffen, desto wahrscheinlicher ist es, dass es riskant oder betrügerisch ist.

- ☐ **Sehr hohe Zinsen.** Der Anbieter verspricht Zinsen, die aktuell am Markt nicht erzielbar sind.
- ☐ **Kein Impressum.** Es fehlt ein Impressum mit Namen, Anschrift, Telefon, Mailadresse und Handelsregisternummer des Anbieters.
- ☐ **Fake-Angaben.** Die angegebene Handelsregisternummer existiert nicht. Oder es ist ein Unternehmen eingetragen, das Geschäfte betreibt, die nichts mit dem Angebot auf der Plattform zu tun haben.
- ☐ **Unbekannter Anbieter.** Über das Unternehmen ist kaum etwas bekannt (googeln!), oder es wurde öfter umbenannt.
- ☐ **Keine Informationen.** Es gibt weder ausführliche Unterlagen noch Prospekte.
- ☐ **Unklarer Vertragspartner.** Es ist nicht erkennbar, wer genau eigentlich der Vertragspartner beim Abschluss ist.
- ☐ **Sitz im Ausland.** Der Anbieter wirbt mit einer deutschen Internetseite („.de"), sitzt aber im Ausland. Mögliche Betrugsfälle sind hier nur schwer zu belangen.
- ☐ **Aggressiver Vertrieb.** Nach Registrierung rufen ständig Vermittler an, die zur Eile drängen, weil das Angebot nur für kurze Zeit gilt.
- ☐ **Werbung mit der Bafin.** Das Unternehmen wirbt damit, dass es von der Bundesanstalt für Finanzdienstleistungsaufsicht Bafin kontrolliert wird. Eine solche Werbung mit der Aufsicht ist verboten.

Irreführende Angebote

Wissen Sie noch, was ein Bundesschatzbrief ist? Das waren Wertpapiere für Kleinsparer, die der Staat anbot. Wer sechs bis sieben Jahre lang regelmäßig Geld einzahlte, bekam dafür nach und nach immer mehr Zinsen – entweder jährlich ausgezahlt oder auf einen Schlag am Ende der Sparlaufzeit.

Nach den starken Zinssenkungen im Anschluss an die Finanzkrise stellte der Bund ihren Verkauf im Jahr 2013 ein. Viele vorsichtige Geldanleger haben dieses Anlageprodukt noch in guter Erinnerung, die Zinsen waren schließlich durchaus ansehnlich und die Ausfallrisiken nahe null. Das wissen offensichtlich auch Versicherungen wie die Allianz oder die Württembergische, bei denen bis heute sogenannte Schatzbriefe im Verkauf sind. Bloß haben die nichts mit Bundeswertpapieren zu tun, die es ja nun seit vielen Jahren nicht mehr gibt. Hinter dem täuschenden Begriff stecken vielmehr Rentenversicherungsprodukte – also etwas völlig anderes.

Immer wieder entpuppen sich vorgebliche Festgeldangebote als äußerst unseriös.

Werbeprofis ersinnen immer wieder neue Begriffe für alte Produkte. So verbergen sich hinter dem wohlklingenden Wort „Aktienanleihe“ Anlagezertifikate. Und immer wieder entpuppen sich vorgebliche Festgeldangebote als äußerst unseriös.

Zusammengefasst: Lassen Sie sich von wohlklingenden Produktnamen nicht in die Irre führen. Es zählt nicht, was draufsteht, sondern was drinsteckt. Im Zweifel fragen Sie nach und fordern weitere Unterlagen an, bevor Sie etwas kaufen.

Geschäfte mit der Angst

Der Euro bricht zusammen. Sanktionen gegen Russland bedrohen unsere Depots. Und der nächste Kurseinbruch steht unweigerlich fest und kurz bevor. Vermutlich sind Ihnen solche und ähnliche Schlagzeilen auch schon mal begegnet. Das Geschäft mit der Angst hat offenbar immer Konjunktur. Dabei ist das Ende, das für die wachsende Schar der Crash-Propheten immer nah ist, bis heute nicht eingetreten. Es ist nicht mehr als dies: Ein Geschäftsmodell, das die Sorge vieler Menschen ausnutzt, um ihnen irgendwelche Anlageprodukte oder Abos anzupreisen, an denen vor allem der verdient, der sie verkauft.

So durchschaubar diese Masche ist, so erfolgreich ist sie offensichtlich auch. Sonst wäre das Internet nicht voll von selbst ernannten Expertinnen und Experten, die nicht nur den Weltuntergang herbeireden, sondern im Anschluss auch die perfekte Lösung präsentieren, um sein Geld in Sicherheit zu bringen.

Zusammengefasst: Informieren Sie sich bei seriösen Nachrichtenanbietern und nicht auf dubiosen Internetportalen oder über irgendwelche Videos. Besonders hellhörig sollten Sie werden, wenn auf das Schreckensszenario ein angeblich so sicherer Geldanlagetipp folgt. Wer Geschäfte mit der Angst macht, kann es nicht gut mit Ihnen meinen. Selbst wenn da ein vermeintlich seriöser Moderator in die Kamera schaut.

8 7 6
7 6 5
9 8 7

Wie sicher sind Geldanlagen?

Das Angebot an Geldanlagemöglichkeiten ist enorm. Doch nicht jedes Produkt eignet sich für vorsichtige Gemüter. Hier erfahren Sie, wie Sie Sicherheit als stressfreie Komponente in Ihr Portfolio integrieren können.

→ **Sicherheit, Zinsen, Stabilität:** Das klingt ganz nach dem Geschmack deutscher Anlegerinnen und Anleger. Was ihr Geld anbelangt, sind die Deutschen eher vorsichtig und konservativ eingestellt. Die Abneigung gegen Aktien ist groß, die Popularität von Sparbuch und Lebensversicherung beinahe ungebrochen. Daran scheint auch die jahrelange Zinsdürre nicht grundlegend etwas geändert zu haben: Unbeirrt parkt ein Drittel aller Bundesbürger und -bürgerinnen bis zu 5000 Euro auf unverzinsten Konten. Sicher ist damit vor allem eines: Wer am Sparbuch festhält, spart sich arm (siehe Infopassage, S. 34).

Die Aversion gegenüber Kapitalmarktanlagen hat vor allem mit einem zu tun: der eklatanten Wissenslücke in Sachen Finanzbildung. Finanzwissen wird in den seltensten Fällen an der Schule gelehrt. Das führt dazu, dass den meisten Menschen für Investitionen in Aktien oder Anleihen schlichtweg das nötige Know-how fehlt.

Die gute Nachricht für Sie: Geld gewinnbringend und zugleich möglichst sicher anlegen ist gar nicht so schwer. Dazu müssen

Sie wahrlich kein Finanzprofi sein – und auch nicht werden. In den folgenden Abschnitten erhalten Sie alle notwendigen Informationen, verständlich aufbereitet und ohne Finanz-Schnickschnack. Im Anschluss können Sie direkt loslegen.

Sie können auch deshalb sofort mit Ihrer neuen Geldanlage starten, weil sich in den vergangenen Jahren sehr viel für Sparwillige getan hat. Die vormals hohen Eintrittsbarrieren sind Geschichte. Depotkonten müssen nicht erst umständlich bei der Hausbank beantragt werden, sondern lassen sich mit dem Smartphone im Handumdrehen selbst eröffnen.

> **Möglicherweise stehen wir am Beginn einer neuen Aktienkultur in Deutschland.**

Moderne, benutzerfreundliche Handelsplattformen und kostengünstige ETF machen es heute so einfach wie nie zuvor, erfolgreich am globalen Kapitalmarkt teilzunehmen. Unterstützt wird dieser Trend von einer regelrechten Informationsflut: Youtube-Videos zeigen die Dos and Don'ts der Geldanlage, und egal ob Jugendmagazin oder Tageszeitung – sie alle berichten von den neuesten Investmenttrends. Möglicherweise stehen wir am Beginn einer neuen Aktienkultur in Deutschland. Was sich von diesem Überangebot für vorsichtige Menschen eignet, was nur für echte Zocker und wovon wirklich jeder die Finger lassen sollte, das klären wir jetzt.

→ So sparen Sie sich arm

Vorsichtige Sparer und Sparerinnen wollen sichergehen, dass ihr Geld unter keinen Umständen weniger wird. Das ist ihnen wichtiger als maximale Rendite. Daher ziehen sie sichere Anlageformen wie das Sparbuch riskanteren Anlagen wie Aktien vor. Das Problem: So sicher sie dadurch auch vor einem Totalverlust geschützt sein mögen, so sicher ist auch ihr Kaufkraftverlust. Machen Sie sich bewusst: Nominalzinsen sind nur Schall und Rauch. Wenn die Verzinsung so niedrig ist, dass sie die Inflationsrate nicht (über-)kompensieren kann, schwindet die reale Kaufkraft. Dazu ein Beispiel: Bei einer Inflationsrate von 2 Prozent halbiert sich der Wert von unverzinstem Vermögen innerhalb von 35 Jahren – aus 10 000 Euro werden 5 000 Euro. Steigt die Inflationsrate um einen Prozentpunkt auf 3 Prozent, ist die Hälfte nach 24 Jahren verschwunden. Bei 5 Prozent halbiert sich die Kaufkraft schon nach 14 Jahren. Auch wenn sich der Geldbetrag auf Ihrem Sparkonto nominal nicht verändert hat. Damit kaufen können Sie weitaus weniger.

Spareinlagen

Deutschland, das Land der Sparfüchse: Kaum eine andere Nation spart so fleißig wie wir. Das hat aber nicht nur Vorteile.

→ **Der sogenannte Realzins**, also das, was vom nominalen Zinssatz nach Abzug der Inflation übrig bleibt, ist so niedrig wie noch nie seit dem Zweiten Weltkrieg. Doch selbst in den vergangenen Jahren, als die Zinsen im Keller waren, galt: Ganz ohne Zinsanlagen geht es nicht. Sie sorgen für die nötige Stabilität und Sicherheit bei der Vermögensanlage.

Im Gegensatz zu Sachwerten wie etwa Aktienanlagen gibt es bei Tages- und Festgeld keine Wertschwankungen. Außerdem bleibt jede Anlegerin und jeder Anleger, egal ob vorsichtig oder risikofreudig, mit Zinsanlagen flüssig. Geld, das nicht am Kapitalmarkt gebunden ist, kann kurzfristig für ungeplante Ausgaben und finanzielle Engpässe herhalten.

Sparbuch

Wenn wir von Sicherheit sprechen, kommen wir an einem nicht vorbei: Deutschlands ewiger Nummer eins, dem Sparbuch. Jeder und jede Zweite von uns besitzt ein Exemplar des bekanntesten Sparkontos überhaupt. Bei der klassischen Sparurkunde in Buchform müssen Anleger zum Bankschalter, wollen sie Geld ein- oder auszahlen. Mittlerweile gibt es auch modernere Varianten wie die SparCard. Sie ermöglicht es, auch an Geldautomaten Bargeld abzuheben, ähnlich wie eine Giro-Karte. Transaktionen sind mit ihr hingegen nicht möglich.

Das Sparbuch ist sicher. Geht die Hausbank insolvent, so schützt der Staat über die gesetzliche Einlagensicherung bis zu 100 000 Euro je Kunde oder Kundin und Bank. Das gilt für sämtliche Einlagen, für das Sparbuch genauso wie für Tages- und Festgeld, aber auch Girokonten (siehe „Worauf Sie sich verlassen können“ ab S. 139).

Einst eine zinsstarke Sparanlage, erhielten deutsche Sparer auf ihr eingezahltes Vermögen zuletzt quasi keine Erträge mehr. Real betrachtet, das heißt: um die Inflation bereinigt, bedeutete die Anlage auf dem Sparbuch zuletzt einen kräftigen Kaufkraftverlust. Ob sich das noch einmal ändert, ist äußerst fraglich.

Zusammengefasst: Das Sparbuch hat ausgedient. Was Sicherheit anbelangt, sind andere Spareinlagen wie Tages- und Festgeld mit dem Sparbuch auf Augenhöhe. Und da das Sparbuch mitunter die niedrigsten Zinsen abwirft, erreichen Sie mit alternativen Sparformen eine höhere Rendite in kürzerer Zeit.

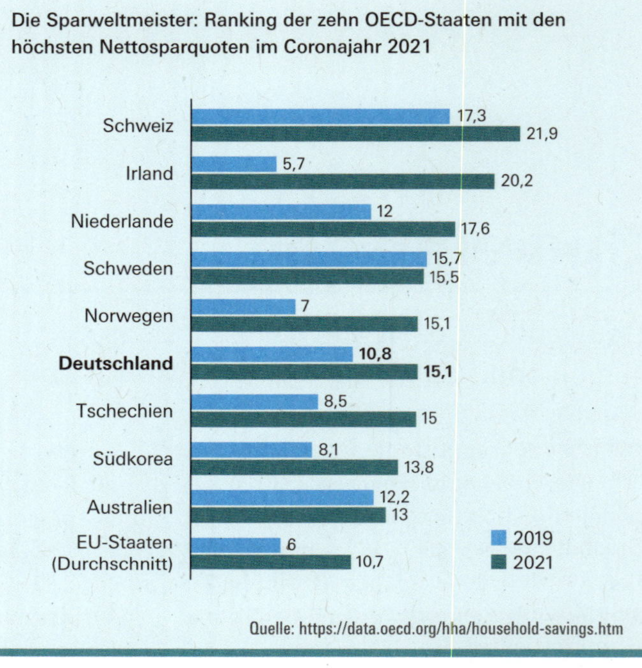

Platz 6 bei der Nettosparquote

Die Nettosparquote eines Haushalts ist die Differenz zwischen verfügbaren Einkommen und Konsumausgaben.
Am meisten Geld zum Sparen blieb im Coronajahr 2021 Haushalten in der Schweiz. Deutschland rangiert im OECD-Vergleich auf Platz 6.

Tagesgeld

Ein Tagesgeldkonto ist ein Guthabenkonto bei einer Bank, auf dem Sparerinnen und Sparer Geld anlegen können. Im Gegensatz zum Sparbuch können Sie jederzeit ohne Einschränkungen über Ihre gesamten Ersparnisse verfügen. Und da es keine feste Laufzeit gibt, bleiben Sie auch flexibler als beim Festgeld (dazu gleich mehr).

Diese Flexibilität hat ihren Preis: Weil Sie jederzeit an Ihr Geld gelangen und die Bank deshalb nicht langfristig damit planen kann, erhalten Sie weniger Zinsen als bei Festgeldkonten – aber meist immer noch mehr als bei einem Sparbuch. Zudem ist der Zinssatz bei Tagesgeld üblicherweise nicht festgelegt. Das heißt, die Bank kann ihn jederzeit ändern. Gutgeschrieben werden die Zinsen häufig unterjährig, das heißt vierteljährlich oder gar monatlich. Dadurch profitieren Sparer und Sparerinnen (im Gegensatz zum Sparbuch) von einem kleinen Zinseszinseffekt.

Tagesgeld ist der perfekte Ort, um Geld kurzfristig zu parken und einen Notgroschen zu lagern. Auf diesen Notgroschen sollten Sie wirklich nur dann zurückgreifen, wenn es nicht anders geht, beispielsweise wenn das Auto streikt, die Waschmaschine den Geist aufgibt oder Sie für eine längere Zeit erkrankt sind. Dass man mit Tagesgeldkonten keine Überweisungen durchführen kann, ist hier ein nützliches Hindernis. Durch die eiserne Reserve auf dem Tagesgeldkonto vermeiden Sie im Fall der Fälle teure Dispozinsen auf dem Gehaltskonto. Wir empfehlen ein Sicherheitspolster aus zwei bis drei Monatsgehältern.

Nicht immer finden Sie die besten Tagesgeld-Konditionen bei der eigenen Hausbank. Deshalb lohnt sich der Vergleich der zahlreichen Angebote im Internet. Auch Direktbanken aus dem EU-Ausland sind einen Blick wert. Die Eröffnung eines Tagesgeldkontos bei einem neuen Institut funktioniert schnell und ohne Probleme.

Zusammengefasst: Tagesgeld ist eine sinnvolle Ergänzung zum Girokonto. Auf einem Tagesgeldkonto lässt sich ein Notgroschen parken, Sie erhalten mehr Zinsen als bei Sparbüchern, und es ist ein wichtiger Baustein für das sogenannte Pantoffel-Portfolio (mehr dazu ab S. 122). Aktuelle Tagesgeld-Konditionen finden Sie bei Stiftung Warentest unter test.de/tagesgeld.

Festgeld

Beim Fest- oder Termingeld legen Sie Geld für einen fest vereinbarten Zeitraum an. Viele Kreditinstitute bieten standardisierte Laufzeiten von einem Monat bis zu zehn Jahren. Je länger die Laufzeit, desto höher sind in der Regel die Zinsen. Und der Zinssatz ist, anders als beim Tagesgeld, über die gesamte Laufzeit garantiert. Das gibt Ertragssicherheit.

Der Nachteil von Festgeld ist seine geringere Flexibilität. Vor Ablauf der vereinbarten Laufzeit kommen Sie meist nicht an Ihr Geld ran. Deshalb eignet es sich nicht als Kurzparkzone für den Notgroschen. Außerdem bedeutet geringere Flexibilität, dass Sie Ihr Geld bei steigenden Zinsen nicht in eine besser verzinste Anlage umschichten können. Auch sollten Sie bei mehrjährigen Festgeldanlagen darauf achten, dass die Zinsen jährlich ausgezahlt oder – noch besser – dem Anlagekonto gutgeschrieben werden. So profitieren Sie vom Zinseszinseffekt.

→ Mit dem Zinseszins Vermögen aufbauen

Eines der mächtigsten Instrumente für Sparerinnen und Sparer, um ihr Geld zu vermehren, ist der Zinseszinseffekt. Werden Zinsen nicht ausgezahlt, sondern reinvestiert, kommt es zu diesem Effekt. Sie erhalten Zinsen auf Zinsen. Daher sollten Sie beim Abschluss einer mehrjährigen Festgeldanlage unbedingt darauf achten, dass der Zinszufluss jährlich erfolgt.

Leider werden bei den meisten Festgeld-Angeboten die Zinsen jährlich auf ein Konto der Anleger ausgezahlt und sind dann auch steuerpflichtig. Es gibt aber Festzinsanlagen, bei denen die Zinsen dem Anlagekonto gutgeschrieben und im nächsten Jahr mitverzinst werden. Wichtig auch hier: der steuerliche Zinszufluss sollte jährlich und nicht erst am Laufzeitende erfolgen. Doch Vorsicht: Es gibt Banken, die den ausgewiesenen Habenzins nur auf den ursprünglichen Anlagebetrag berechnen und ohne Zinseszins erst am Ende der Laufzeit auszahlen. Dann ist der jährliche Ertrag, Ihre Rendite, niedriger. Solche Angebote erachten wir als unseriös, sie täuschen eine höhere Ertragskraft vor, als die Anlage tatsächlich besitzt.

Zusammengefasst: Festgeldkonten sind die geeignete Anlage für Sie, wenn Sie Ihr Geld über einen vorher fest vereinbarten Zeitraum sicher anlegen und keinerlei Verlustrisiken eingehen wollen. Können Sie allerdings mit zwischenzeitlichen Schwankungen leben oder beträgt Ihr Anlagehorizont mehr als zehn Jahre, sind ETF (Exchange Traded Funds, mehr dazu ab S. 45) die bessere Wahl. Aktuelle Festgeld-Konditionen finden Sie unter test.de/festgeld.

Sparbrief

Sparbriefe und Sparkassenbriefe nehmen eine Stellung zwischen einer klassischen Kontenanlage und einem festverzinslichen Wertpapier ein. Sie werden aber nicht an der Börse gehandelt, sondern von einer Bank verkauft. Dabei leihen Sie einer Bank Geld und erhalten dafür eine (virtuelle) Urkunde. Wie beim Festgeld gibt es auch bei Sparbriefen verschiedene Laufzeiten. Am Ende der jeweiligen Laufzeit müssen Sie Ihren Sparbrief aber nicht kündigen: Die Bank kauft die Urkunde zurück und überweist das eingesetzte Kapital sowie den vereinbarten Zinsbetrag auf Ihr Sparkonto. Bei Sparbriefen fallen keine Gebühren an.

Mehrjährige Sparbriefe gibt es in drei Varianten: Normale Sparbriefe sowie auf- und abgezinste Sparbriefe. Der Unterschied liegt jeweils darin, wie und wann Sie Zinsen erhalten. Beim konventionellen Sparbrief werden die Zinsen jährlich ausgezahlt, und Sie können über den Zinsertrag frei verfügen. Beim aufgezinsten Sparbrief werden die Zinsen bis zum Laufzeitende angesammelt und auf einen Schlag ausgezahlt. Dadurch profitieren Sie vom Zinseszinseffekt. Bei der abgezinsten Variante legen Sie Ihr Sparziel fest und die Bank errechnet anhand von Zinssatz und Laufzeit, wie viel Sie dafür anlegen müssen. Die Differenz zwischen anfänglichem Kaufpreis und Auszahlung zum Laufzeitende ist der Zinsgewinn.

Da die Zinsen sowohl beim auf- als auch beim abgezinsten Sparbrief am Ende der Laufzeit in einer Summe steuerpflichtig sind und der Sparerfreibetrag von 1000 Euro für Alleinstehende und 2000 Euro für zusammen veranlagte Verheiratete dann schnell überschritten wird, eignen sich diese Varianten nicht für jeden. Sinnvoll ist es etwa dann, wenn Sie Zinserträge in die Zukunft schieben möchten, um bis zur Auszahlung Kapitalertragssteuern zu sparen.

Da sich Sparbrief und Festgeld stark ähneln, bieten immer mehr Banken nur noch eine der beiden Anlageformen an. Das tendenziell höher verzinste Festgeld scheint dabei das Rennen zu machen.

Zusammengefasst: Wenn Sie höhere Beträge über einen längeren Zeitraum sicher zu einem festen Zinssatz anlegen möchten, können Sparbriefe eine sinnvolle Alternative zum Festgeld sein. Das gilt vor allem dann, wenn Ihre Hausbank ohnehin nur diese Anlageform anbietet. Prüfen Sie vor Abschluss, welche Sparbrief-Variante für Sie infrage kommt.

Aktien, Fonds und ETF

Aktien sind die renditestärkste Anlageklasse. Trotzdem haben sie hierzulande einen denkbar schlechten Ruf. Erfahren Sie nun, wie Sie klug investieren, anstatt zu spekulieren.

Zahlreiche Studien belegen es: Die ertragreichste Wertpapierform sind Aktien. Wer in Zeiten von immer noch vergleichsweise niedrigen Zinsen und hoher Inflation Vermögen aufbauen und für das Alter vorsorgen möchte, kommt nicht an ihnen vorbei.

Dennoch runzeln Sie vielleicht beim Thema Aktien die Stirn. Sie denken sich womöglich: „Wertpapiere? Das ist doch nur etwas für Reiche!" Vielen gilt die Börse als reine Zockerbude – und Spekulieren ist das Letzte, was Vorsichtige wollen. Tatsächlich ist eine sogenannte diversifizierte Aktienstrategie genau das Gegenteil von Spekulation. Wer langfristig denkt und sich breit gestreute Aktienanlagen ins Depot holt, muss sich nicht vor Totalverlusten fürchten.

Risiko bedeutet für vorsichtige Anlegerinnen und Anleger also nicht, alles auf eine Karte zu setzen. Risiko bedeutet vielmehr, zwischenzeitliche Kursschwankungen zu akzeptieren, ohne dabei die Nerven zu verlieren und die Anlagen rasch abzustoßen (siehe auch Kasten „Gut zu wissen" auf S. 40). Das fällt umso leichter, hat man sich einmal mit den grundlegenden Spielregeln des Aktienmarktes vertraut gemacht.

Aktien

Wer eine Aktie kauft, beteiligt sich an einem Unternehmen, wird zum Miteigentümer. Damit begründen Aktien im Gegensatz zu Zinsanlagen echtes Eigentum. So wie bei Immobilien, Edelmetallen oder Kunstwerken erwerben Käufer etwas „Handfestes" – zwar nicht in physischer Form, jedoch als rechtlich verbrieften Anteil an einem real existierenden Unternehmen. Daher spricht man bei Aktien auch von Sachwerten.

Für Unternehmen ist das Ganze eine Kapitalbeschaffungsmaßnahme. Sie benötigen frisches Geld. Das klappt ganz grundsätzlich entweder mithilfe eines Bankkredits oder an den Finanzmärkten mit Anleihen oder Aktien. Während Kredite genauso wie Anleihen Fremdkapital darstellen, handelt es sich bei Aktien um Eigenkapital. Letzteres bringt für Unternehmen zwei wesentliche Vorteile: Sie müssen Eigenkapital weder zurückzahlen, noch werden darauf Zinsen fällig. Und hat das Unternehmen erst einmal am Kapitalmarkt Fuß gefasst, kann es sich theoretisch immer wieder frisches Geld an der Börse beschaffen. Nebenbei erhöht ein Börsengang national wie auch international seinen Bekanntheitsgrad.

Gut zu wissen

Volatilität ist die gebräuchlichste Kennzahl zur Risikomessung an den Kapitalmärkten. Sie misst die Intensität der Preisschwankungen eines Wertpapiers oder Indexes um den eigenen Mittelwert.
Statistisch wird sie oft als Standardabweichung gemessen. Je höher die Volatilität, desto höher die Abweichungen. Das ist wichtig, denn der Wert von Aktien kann im Zeitverlauf erheblich schwanken. Zwischenzeitliche Wertverluste von bis zu 50 Prozent sind keine Seltenheit. Damit sind Aktien weitaus risikoreicher als Zinsanlagen.

Die gute Nachricht: Je länger die Laufzeit, desto überschaubarer wird dieses Risiko bei breit gestreuten Aktiendepots.
Die Volatilität des breit gestreuten MSCI World Index betrug bei einer Anlagedauer von drei Jahren 18,9 Prozent, bei zehn Jahren waren es nur noch 13,7 Prozent. Wichtig: Aus der Vergangenheit lassen sich niemals zuverlässige Prognosen für den zukünftigen Kursverlauf ableiten. Sie kann aber dazu dienen, Kursverläufe abzuschätzen.

Als Anleger kauft man Aktien börsennotierter Unternehmen in der Regel nicht vom Unternehmen selbst. Das geschieht nur bei der Erstausgabe, auch Neuemission genannt. Wer beim Börsendebüt dabei ist, erhält die Aktien direkt vom Unternehmen. In diesem Fall legen sogenannte Emissionsbanken den Startpreis der Aktie fest. Sie bewerten das Unternehmen vorab und versuchen einzuschätzen, wie hoch die Nachfrage nach den Papieren sein wird. Nach der Erstausgabe kaufen Anleger Aktien fast immer an einer Börse von anderen Investoren. Der eigentliche Aktienhandel beginnt.

Alle, die mit Aktien handeln, verfolgen zumindest eines von zwei Zielen: Kursgewinne oder Gewinnbeteiligung. Gewinnbeteiligung bedeutet, dass börsennotierte Aktiengesellschaften einen Teil ihres Jahresertrags an die Eigentümer in Form von Dividenden ausschütten. Das setzt natürlich voraus, dass das Unternehmen einen Gewinn erwirtschaftet. Und: Die Mehrheit der Aktionäre muss Dividendenzahlungen zustimmen. Ob überhaupt und wie viel an die Eigentümer ausgeschüttet wird, entscheiden nämlich die Aktionäre Jahr für Jahr gemeinsam auf der Hauptversammlung.

Dividendenrendite nennt man das Verhältnis zwischen Aktienkurs und jährlicher Gewinnausschüttung. Die Dividendenrenditen erreichten bei Aktien in Europa zuletzt im Schnitt etwa 2,5 Prozent. Das bedeutet, dass Aktienanleger einen beträchtlichen Teil ihrer Erträge nicht aus Kursgewinnen, sondern aus Dividenden erzielen. Von einer solchen Nominalrendite können Sparer und Anleger von verzinslichen Wertpapieren nur träumen. Allerdings: Sollte der Aktienkurs massiv einbrechen, helfen auch 2,5 Prozent Dividende nicht viel.

Andere Börsenunternehmen wiederum, etwa die Google-Mutter Alphabet, schütten gar keine Dividende aus. Hier hat sich die Hauptversammlung dazu entschieden, die finanziellen Überschüsse anderweitig zu verwenden. Sie fragen sich jetzt vielleicht: Wieso sollte man Aktien eines Unternehmens kaufen, das seine Eigentümer nicht am Gewinn beteiligt? Tatsächlich achtet nur ein Teil der Anleger auf verlässliche Dividendenzahlungen. Ein zumindest ebenso großer Teil von ihnen hofft vor allem auf Kursgewinne. Kursgewinn bedeutet ganz schlicht und einfach, dass sie ihre Aktien gewinnbringend zu einem höheren Preis verkaufen, als sie diese selbst gekauft haben.

Wie Kurse entstehen

Der Kurs einer Aktie, der Aktienpreis, entsteht als Ergebnis von Handelsgeschäften. Die Börse funktioniert dabei so ähnlich wie ein gewöhnlicher Marktplatz: Angebot trifft auf Nachfrage. Steigt die Nachfrage, steigt auch der Preis – und umgekehrt.

Das Besondere am Aktienhandel ist allerdings, dass sich alles um die Zukunft dreht. Es geht vor allem um Einschätzungen darüber, wie das Unternehmen künftig einmal wirtschaften wird. Dementsprechend spielt es oftmals überhaupt keine Rolle, ob der Betrieb aktuell profitabel ist. Wer eine Aktie kauft, kauft die Hoffnung auf zukünftige Gewinne. Je nachdem, ob nun mehr Anlegerinnen und Anleger glauben, dass das Unternehmen in Zukunft besser dastehen wird als heute oder nicht, steigt oder fällt der Kurs. Halten sich Optimisten und Pessimisten die Waage, bewegt sich dieser kaum.

Hat man das erst einmal verstanden, wird auch klar, warum die Aktien von Unternehmen wie dem Elektroauto-Pionier Tesla über Jahre hinweg derart begehrt waren, obwohl Tesla tiefrote Zahlen schrieb. Umgekehrt können Aktienkurse trotz sprudelnder Gewinne fallen – womöglich hatten die Aktionäre mehr erwartet und interpretieren dies nun als Zeichen dafür, dass die Gewinne auch künftig geringer ausfallen könnten.

Externe Faktoren spielen ebenso eine wichtige Rolle. So kann etwa die gesamtwirtschaftliche Situation den Blick in die Zukunft trüben und Anleger von den Aktienmärkten vertreiben. So geschehen im März 2020 beim Ausbruch der Corona-Pandemie. Zwar wusste zu diesem Zeitpunkt noch niemand so recht, wie die wirtschaftliche Entwicklung einzelner Unternehmen fortan verlaufen wird. Trotzdem brachen Aktienkurse weltweit ein – nur um kurz darauf wieder in die Höhe zu schnellen.

All diese komplexen Zusammenhänge machen klar: Wer auf einzelne Aktien setzt, geht ein enormes Risiko ein. Dieses Risiko reicht bis zum Totalverlust, also Verlusten bis zur Höhe der gesamten Anlage. Das ist etwa dann möglich, wenn das Unternehmen insolvent geht und die Aktien in weiterer Folge wertlos werden. Das gesamte investierte Geld wäre in diesem Fall verloren.

Vorsichtige, die langfristig und risikobewusst Vermögen aufbauen wollen, sollten ihr Geld auf möglichst viele Unternehmen aufteilen.

Daher sollten vorsichtige Anleger, die langfristig und risikobewusst Vermögen aufbauen wollen, ihr Geld auf möglichst viele Unternehmen aufteilen. Das nennt man Risikostreuung oder Diversifikation. Wer Anteile an 10, 100 oder gar 1000 Unternehmen hält, stellt sicher, dass der Kursverfall eines einzelnen Unternehmens kaum bis gar nicht ins Gewicht fällt. Dazu müssen Sie nicht reich sein. Breit diversifizierte Portfolios sind auch mit wenig Startkapital möglich – und zwar mithilfe von Aktienfonds.

Was lässt sich mit Aktien überhaupt verdienen?

Wichtig ist hier zunächst einmal die Unterscheidung zwischen Rendite und Wertzuwachs. Der zweite Begriff bezeichnet eine absolute Größe, also zum Beispiel 10000 Euro Gewinn. Rendite dagegen ist stets eine Verhältniszahl, braucht also einen Anfangs- und einen Endwert. Wer aus 10000 Euro Kapitaleinsatz 20000 Euro macht, erzielt eine Rendite von 100 Prozent, verdoppelt also sein Kapital.

Kommt auch Zeit ins Spiel, wird aus der absoluten eine relative Rendite. Das ist nun gar nicht mehr so trivial: Wer sein Kapital in beispielsweise fünf Jahren verdoppelt, hat nicht einfach eine jährliche Rendite von 20 Prozent erzielt. Denn ähnlich wie beim Zinseszinseffekt werden erzielte Gewinne im kommenden Jahr noch einmal mit vermehrt. Daher braucht es tatsächlich weniger als 15 Prozent durchschnittlicher jährlicher Rendite, um sein Kapital innerhalb von fünf Jahren zu verdoppeln.

Allerdings sind 15 Prozent sehr hoch gegriffen und für sichere Geldanlagen äußerst unwahrscheinlich. Zwischen 1900 und 2017 erzielten Anleger mit deutschen Aktien eine durchschnittliche jährliche Rendite von 8,4 Prozent. Wie auch schon bei den Spareinlagen gilt: Das ist nominal. Nach Abzug der Inflation betrug die Aktienrendite im Schnitt 3,4 Prozent. Besser läuft es international: Die durchschnittliche reale jährliche Rendite über 21 Länder hinweg betrug zwischen 1900 und 2019 5,2 Prozent.

Zusammengefasst: Der Kauf einer einzelnen Aktie ist hochriskant und daher für vorsichtige Anlegerinnen ungeeignet. Zwar mag gerade Börsen-Neulingen die Idee reizvoll erscheinen, in das nächste Apple oder Amazon zu investieren und ihr eingesetztes Kapital damit zu vervielfachen. Doch niemand weiß, wie sich eine Aktie entwickeln wird. Im schlimmsten Fall verlieren Sie Ihr gesamtes eingesetztes Kapital. Darum: Nicht spekulieren und alles auf eine Karte setzen, sondern besser breit gestreut investieren.

Aktienfonds

Wer nur wenig Geld zur Verfügung hat, steht vor der praktischen Hürde, dass man sich nur wenige Aktien kaufen kann. Schließlich ist eine einzelne Aktie meist so teuer, dass das Geld schnell aufgebraucht ist. Zudem werden bei jedem Kauf Gebühren fällig. Das Problem daran: Je weniger Aktien im Depot, umso konzentrierter das Portfolio und desto höher das Risiko. Gerade für Vorsichtige lautet das Zauberwort allerdings Risikostreuung.

Einen Ausweg aus dieser Misere bieten Investmentfonds. Das sind sozusagen Geldsammelbecken, in die viele Tausend Anleger und Anlegerinnen kleine Summen einzahlen. Dahinter stecken Kapitalanlagegesellschaften, welche die Summen verwalten und aus dem gemeinsamen Topf für alle einkaufen. Das Kundengeld gilt rechtlich als Sondervermögen. Das heißt, dass die Investmentgesellschaft es getrennt von ihrem eigenen Vermögen verwaltet. So ist Ihr investiertes Kapital im Insolvenzfall vor dem Gläubigerzugriff geschützt.

Kaufen Sie einen Anteil an einem Fonds, erhalten Sie dafür einen prozentualen Anteil an allen darin enthaltenen Wertpapieren. Fonds gibt es nicht nur für Aktien, sondern beispielsweise auch für Anleihen, Immobilien und Rohstoffe. Mischfonds investieren in mehrere Anlageklassen zugleich, Dachfonds wiederum in andere Fonds.

Wir konzentrieren uns an dieser Stelle allein auf Aktienfonds. Wie viele Wertpapiere in einem solchen Fonds enthalten sind, ist höchst unterschiedlich. Das kann von ein paar Dutzend bis hin zu mehreren Tausend Titeln reichen.

Aktive Aktienfonds

Auf dem Markt sind grundsätzlich zwei Fonds-Produktvarianten erhältlich. Das sind zum einen klassische Investmentfonds, die ein professionelles Fondsmanagement verwaltet. Dieses investiert das Geld seiner Anlegerinnen und Anleger am Kapitalmarkt und entscheidet anhand einer bestimmten Anlagestrategie, welche Wertpapiere ins Portfolio sollen und welche wieder verkauft werden.

Wer Anteile an einem aktiven Fonds kaufen will, hat dazu mehrere Möglichkeiten zur Auswahl. Sie können das über Ihre Hausbank machen, die ein Depot für Sie eröffnet und den gewünschten Fonds bei der Fondsgesellschaft bestellt. Sie können sich auch selbst direkt an die Fondsgesellschaft wenden. Oder Sie kaufen Fondsanteile selbstständig an der Börse, über Ihr Wertpapierdepot bei einer Direktbank oder einem Online-Broker.

Aktives Management lohnt kaum

Fondsmanager wollen mit aktiven Strategien Renditen über dem Gesamtmarkt („Benchmark“) erzielen. Doch das gelingt fast nie, wie die Stichprobe aus Europa zeigt: Auf zehn Jahre blieben zwischen 75 und 100 Prozent der Fonds hinter ihrer Benchmark zurück.

Fondskategorie	Benchmark	1 Jahr	3 Jahre	5 Jahre	10 Jahre
Aktien Europa	S&P Europe 350	50,7	72,3	73,2	84,8
Aktien Eurozone	S&P Eurozone BMI	75,4	81,4	87,5	92,0
Aktien Frankreich	S&P France BMI	63,3	93,5	94,5	94,1
Aktien Deutschland	S&P Germany BMI	44,1	66,3	71,4	81,8
Aktien Italien	S&P Italy BMI	40,0	72,1	84,6	75,4
Aktien Niederlande	S&P Netherlands BMI	66,7	100,0	87,5	100,0
Aktien Nordeuropa	S&P Nordic BMI	34,8	65,2	77,8	83,3
Aktien Spanien	S&P Spain BMI	44,0	84,1	77,9	82,6

Basierend auf absoluten Wertsteigerungen, Stichtag: 30. Juni 2021, Quelle: S&P Dow Jones Indices (SPIVA)

Die Geldverwalter eines aktiven Aktienfonds treten mit dem Versprechen an, mithilfe ihres Know-hows den breiten Markt zu schlagen. In anderen Worten: Das Fondsmanagement will mit seiner Anlagestrategie eine höhere Rendite erzielen als ein Vergleichsindex. Ein solcher Vergleichsindex ist beispielsweise der MSCI World.

Ob ein Managementteam seinen Job gut macht oder nicht, wird daran gemessen, ob sein Fonds besser abschneidet als diese sogenannte Benchmark. Statistiken belegen: Die meisten Teams machen keinen guten Job. Dem absoluten Großteil gelingt es nicht, ihren Vergleichsindex zu schlagen – schon gar nicht dauerhaft.

Da sich die Manager aber fürstlich entlohnen lassen, ist das natürlich ein Problem. Anleger aktiver Fonds bezahlen einmalig einen sogenannten Ausgabeaufschlag (oftmals um die 5 Prozent). Dazu kommen jährlich laufende Kosten, die sogenannten Gesamtkosten oder auch „Total Expense Ratio“. Der Name ist aber irreführend, denn zusätzlich können noch Transaktionskosten anfallen. Und manche Fondsmanager verlangen gar eine Erfolgsvergütung (englisch: Performance Fee). Bei erfolgreichen

Investitionen lassen sie sich also noch einmal extra bezahlen. All das mindert die Rendite der Anlegerinnen und Anleger.

Zusammengefasst: Aktive Fonds eignen sich nicht als Basisanlage für Vorsichtige. Wenn Sie am Beginn Ihrer Kapitalmarkt-Karriere stehen, greifen Sie besser zu ETF. Diese sind preiswerter und schneiden auf lange Sicht besser ab. Aktive Fonds haben aber durchaus ihre Daseinsberechtigung: Risikobewusste, die in Nischenmärkte investieren oder eine komplexe Anlagestrategie verfolgen möchten, wenden sich besser aktiven Fonds zu. Und auch all jene, die bei ihrer Geldanlage Wert auf strenge Nachhaltigkeit legen, greifen besser zu aktiven Fonds – dazu mehr in „So finden Sie wirklich nachhaltige Fonds“ ab S. 97.

Aktien-ETF

Die zweite Produktvariante am Fondsmarkt sind börsengehandelte Indexfonds – die berühmten ETF (Exchange Traded Funds, deutsch: börsengehandelte Fonds). Wie es der Name bereits andeutet, kaufen Anleger ETF ganz einfach über eine Handelsplattform, über ihren eigenen Broker – so wie eine Aktie. ETF gibt es für alle möglichen Anlageklassen, also beispielsweise auch für Anleihen, Immobilien und Rohstoffe. Wir blicken hier exklusiv auf ETF, die einen Aktienindex nachbilden.

Anders als aktive Fonds bauen ETF einen Index einfach nur nach – und zwar möglichst eins zu eins. Klettert der entsprechende Index um 3 Prozent nach oben, legt auch der ETF zu – und umgekehrt. Das eingesetzte Kapital eines ETF entwickelt sich also immer genauso wie der von ihm abgebildete Index. Darüber hinaus partizipieren Anleger mit ETF an etwaigen Dividendenzahlungen. Da das alles von Computern übernommen wird und keine nennenswerte Anlagestrategie dahintersteckt, spricht man auch von passiven Indexfonds. Der größte Vorteil passiver Investments: Sie sind im Vergleich zu aktiven Fonds deutlich preiswerter und transparenter.

→ Aktive ETF? Besser nicht

Klingt vielleicht komisch, aber es gibt nicht nur passive ETF. Aktive ETF sollen laut ihren Emittenten das Beste aus beiden Welten verbinden: Das Fondsmanagement orientiert sich an einem Referenzindex, schichtet aber vermeintlich gewinnbringend um. Damit geht der eigentliche Vorteil von ETF, ihre im Vergleich zu aktiven Fonds deutlich günstigeren Kosten, verloren. Hinter diesen Produkten steckt vor allem sehr viel Marketing aktiver Fondsgesellschaften, die den ETF-Boom für sich nutzen wollen: In Deutschland lag das via ETF verwaltete Vermögen im Jahr 2021 bei rund 169 Milliarden Euro. Weltweit gibt es mittlerweile mehr als 7 600 ETF, und fast täglich kommen neue hinzu.

Was ist überhaupt ein solcher Index (Mehrzahl: Indizes), von dem Sie hier überall lesen? Ein Index ist eine Kennziffer. Er bezieht sich auf eine Aktienliste und stellt die durchschnittliche Entwicklung aller in ihr enthaltenen Aktien dar. Dabei werden die im Index enthaltenen Unternehmen je nach ihrem Börsenwert unterschiedlich stark gewichtet. Das heißt, dass besonders wertvolle Unternehmen (gemessen an ihrem aktuellen Kurs und der Anzahl ihrer ausgegebenen Aktien) einen größeren Einfluss auf die Indexentwicklung haben als weniger wertvolle.

Es gibt Kursindizes, welche ausschließlich die Kursentwicklung der Aktien widerspiegeln. Und es gibt sogenannte Performance-Indizes, die zusätzlich zum Kurs auch noch Dividenden mit einberechnen. Ein solcher Performance-Index ist der deutsche Leitindex Dax. Der Dax vollzieht die Wertentwicklung der 40 wichtigsten deutschen Börsenunternehmen nach. Wie sich der Dax und damit die in ihm enthaltenen Aktien entwickeln, wird in Punkten (oder auch Zählern) gemessen. Diese Punkte sind sozusagen die Kennziffer. Wenn Sie davon lesen, dass der Dax im Vergleich zum Vortag um 2 Prozent gestiegen ist, bezieht sich das auf den Punktestand.

Ein berühmter Kursindex ist hingegen der Dow-Jones-Industrial-Average-Index (Dow Jones). Dieser bildet die Kursentwicklung der 30 wichtigsten Aktien der New York Stock Exchange ab.

Wie Sie bereits wissen, ist der große Vorteil eines Fonds, dass er sehr viele Wertpapiere enthält und damit Ihr Investmentrisiko weitaus geringer ist als bei einer einzelnen Aktie. Allerdings sind 30 oder 40 Aktien immer noch zu wenig für eine effektive Risikostreuung. Zudem enthält der Dax ausschließlich deutsche, der Dow Jones ausschließlich US-amerikanische Unternehmen. Auch das birgt große Risiken (siehe Kasten unten). Daher eigenen sich weder Dax noch Dow Jones als ETF-Basisinvestment. Vorsichtig Anlegende sollten auf In-

---

Home Bias. Hierzulande gilt der Dax als Superstar, in den USA der Dow Jones. Die Neigung, vor allem Aktien aus dem eigenen Land zu kaufen, ist weltweit bekannt. Der Fachterminus ist „Home Bias". Eine gute Idee ist das nicht: Als vorsichtiger Mensch wollen Sie Ihr Risiko breit streuen. Das Gegenteil passiert, wenn Sie Aktien aus einem einzigen Land kaufen – noch dazu, wenn Sie hier auch Ihr Geld verdienen und später einmal Rente beziehen. Als Basisinvestment kommt der Dax nicht infrage.

dizes mit besonders vielen Aktien aus aller Welt setzen. Das beste Beispiel dafür ist der weltberühmte MSCI World, der die Kursentwicklung von rund 1500 Aktien aus 23 Industrieländern widerspiegelt.

Eine ebenfalls gute Option ist der MSCI All Country World. Er spiegelt die Kursentwicklung von knapp 2900 Aktien wider. Allerdings enthält er auch Schwellenländer wie China, Brasilien oder Südafrika. Diese sind volatiler als Industrieländer, die Kurse schwanken also deutlich stärker.

Als vorsichtig anlegender Mensch fragen Sie sich bestimmt noch: Was passiert mit meinem Geld, wenn ein ETF geschlossen wird? Die kurze Antwort: Sie erhalten es zurück. Dass ein Anbieter einen seiner Fonds schließt, ist nichts Ungewöhnliches, kommt aber bei aktiv gemanagten Fonds häufiger vor als bei ETF. Dennoch kann das passieren, weil zu wenige Menschen investieren und das Produkt für den Anbieter unrentabel wird. Das hat für Sie aber keine schlimmen Konsequenzen.

Vor der Auflösung informiert der ETF-Anbieter schriftlich über dessen Auflösung. Warten Sie bis zum festgesetzten Kündigungstag, nimmt der Anbieter Ihre Anteile zurück und überweist das Geld auf Ihr Konto. Sie können die Anteile aber auch schon zuvor verkaufen und mit dem Geld in einen anderen ETF investieren. Ärgerlich daran sind einerseits der Zeitaufwand, neu zu investieren, sowie neuerliche Ordergebühren. Andererseits haben Sie damit unter Um-

AKTIEN-ETF 5 WICHTIGE VORTEILE

1 Breite Streuung. Mit einem einzigen ETF können Sie gesamte Aktienmärkte nachbilden. Das reduziert Ihr Risiko im Vergleich zum Kauf einer einzelnen Aktie ungemein.

2 Bessere Performance. ETF bringen mehr Ertrag als vergleichbare Investments. Das belegen Studien immer wieder.

3 Geringe Kosten. Gebühren und laufende Kosten sind deutlich geringer als bei herkömmlichen Fonds. Dadurch bleibt Ihnen mehr Netto vom Brutto.

4 Laufender Börsenhandel. Sie können Ihre ETF-Anteile jederzeit kaufen und verkaufen. Das sorgt für hohe Liquidität und Flexibilität.

5 Transparenz. Die einzelnen Bestandteile eines Indexes sind bekannt und öffentlich einsehbar. Dadurch sind ETF deutlich transparenter als so manch anderer Fonds.

ETF auf diese vier Aktienindizes eignen sich als Basisanlage (nicht nachhaltig)

Die Übersicht der Aktienindizes für die Basisanlage zeigt: Bei den größten Einzeltiteln gibt es kaum Unterschiede – und in allen Indizes dominieren die USA als wichtigster Kapitalmarkt der Welt.

	MSCI World
Beschreibung	Der Index enthält Aktien aus 23 entwickelten Ländern.
Anzahl der Aktien	1 508
Größte Länder (Prozent)	USA (68,0), Japan (6,3), Großbritannien (4,4), Frankreich (3,4), Kanada (3,4)
Größte Branchen (Prozent)	Informationstechnologie (20,2), Gesundheitswesen (14,5), Finanzen (14,3), Industrie (10,7), Konsumgüter zyklisch (10,0)
Größte Einzelaktien (Prozent)	Apple (4,2), Microsoft (3,4), Alphabet (2,1), Amazon (1,5), United Health (1,0)
Wichtigste Währungen	US-Dollar, Euro, Japanischer Yen, Britisches Pfund
Deutschlandanteil (Prozent)	2,3
Anteil der zehn größten Werte (Prozent)	15,6
Wertentwicklung fünf Jahre (Prozent pro Jahr)	9,2
Anbieter von ETF auf den Index (Isin) Genannt wird jeweils ein ETF pro Anbieter mit der Finanztest-Bewertung „1. Wahl", Mindestalter 5 Jahre	Amundi (LU 168 104 359 9) HSBC (IE 00B 4X9 L53 3) Invesco (IE 00B 60S X39 4) iShares (IE 00B 4L5 Y98 3) UBS (IE 00B 7KQ 7B6 6) Xtrackers (IE 00B J0K DQ9 2)

FTSE Developed	MSCI All Country World	FTSE All-World
Der Index enthält Aktien aus 23 entwickelten Ländern und zusätzlich Polen und Südkorea.	Der Index enthält Aktien aus 23 entwickelten Ländern und 24 Schwellenländern.	Der Index enthält Aktien aus 49 Ländern, darunter entwickelte Länder und Schwellenländer.
2 171	2 885	4 089
USA (65,7), Japan (7,1), Großbritannien (4,6), Frankreich (3,2), Kanada (3,0)	USA (60,4), Japan (5,6), Großbritannien (3,9), China (3,6), Kanada (3,1)	USA (58,8), Japan (6,4), Großbritannien (4,2), China (3,7), Frankreich (2,9)
Technologie (19,4), Finanzen (14,4), Gesundheitswesen (13,9), Industrie (13,9), Konsumgüter zyklisch (13,2)	Informationstechnologie (20,0), Finanzen (15,1), Gesundheitswesen (13,4), Konsumgüter zyklisch (10,4), Industrie (10,1)	Technologie (19,7), Finanzen (15,2), Industrie (13,3), Konsumgüter zyklisch (13,1), Gesundheitswesen (12,9)
Apple (3,8), Microsoft (3,5), Alphabet (2,0), Amazon (1,5), United Health (1,0)	Apple (3,7), Microsoft (3,0), Alphabet (1,8), Amazon (1,4), United Health (0,9)	Apple (3,4), Microsoft (3,2), Alphabet (1,8), Amazon (1,3), United Health (0,9)
US-Dollar, Euro, Japanischer Yen, Britisches Pfund	US-Dollar, Euro, Japanischer Yen, Britisches Pfund	US-Dollar, Euro, Japanischer Yen, Britisches Pfund
2,3	2,1	2,1
15,4	13,9	16,3
8,9	8,3	8,2
Vanguard (IE 00B KX5 5T5 8)	Amundi (Lyxor, LU 182 922 021 6) iShares (IE 00B 6R5 225 9) SPDR (IE 00B 44Z 5B4 8)	Vanguard (IE 00B 3RB WM2 5)

Quellen: Index- und ETF-Anbieter, Thomson Reuters, Finanztest eigene Berechnungen / Stand: 1. Januar 2023

Steckbrief Sicherheit

Wer auf Einzelaktien setzt, riskiert den Totalverlust seines gesamten eingesetzten Kapitals. Für Vorsichtige kommt der Kauf einzelner Aktien deshalb nicht infrage.
Breit gestreute, weltweit anlegende Aktien-ETF sind das beste Mittel für den langfristigen Vermögensaufbau. ETF bieten attraktive Renditechancen bei zugleich überschaubarem Risiko. Sie sind auch deutlich günstiger und schneiden langfristig besser ab als aktiv gemanagte Fonds. Einen besonders einfachen Einstieg in die Welt der ETF bietet das sogenannte Pantoffel-Portfolio. Damit mischen Sie je nach Ihrer individuellen Risikobereitschaft den Rendite- und Sicherheitsbaustein. Wie das gelingen kann, erfahren Sie im Kapitel „Anlagestrategien" ab S. 119.

ständen einen steuerlichen Nachteil, da etwaige Gewinne versteuert werden.

Damit das nicht geschieht, empfehlen wir nur ETF mit einem Fondsvolumen von mindestens 50 Millionen Euro. Noch besser sind 100 Millionen Euro und mehr. Denn je größer das Fondsvolumen, desto geringer ist die Gefahr, dass die Fondsgesellschaft den ETF auflöst. Ein weiteres wichtiges Kriterium ist das Fondsalter. Bei einem ETF, der erst vor wenigen Monaten auf den Markt gekommen ist, fehlen schlichtweg die notwendigen Erfahrungswerte. Am besten Sie wählen einen ETF, der älter als drei oder noch besser älter als fünf Jahre ist. Je länger die Bestandsdauer, desto größer ist in der Regel auch das Fondsvolumen.

ETF auf den MSCI World kommen bei den großen Anbietern wie iShares oder Xtrackers auf mehrere Milliarden Euro. Einige von ihnen gibt es schon seit mehr als zehn Jahren. Insgesamt gibt es zum aktuellen Zeitpunkt mehr als 20 ETF auf den Industrieländer-Index. Was ihre Performance anbelangt, unterscheiden sich viele von ihnen nur unwesentlich. Bei der Auswahl werfen Sie daher einen Blick auf Fondsvolumen und Fondsalter. Außerdem kooperieren manche Banken und Broker mit ausgewählten Fondsgesellschaften. Dann erhalten Sie den MSCI World ETF eines bestimmten Anbieters womöglich besonders günstig.

Zusammengefasst: Wenn es um ertragsstarke Anlagen geht, sind weltweit anlegende ETF für Vorsichtige die beste Wahl. Ihre breite Risikostreuung senkt das Aktienrisiko deutlich – risikoreich sind sie aber dennoch. Sie können ETF jederzeit einfach und bequem über Ihren Broker kaufen und verkaufen. Dafür fallen nur sehr geringe Kosten an. Das macht ETF zu einer preiswerten Geldanlage, die auf lange Sicht deutlich besser abschneidet als ihre teureren aktiven Pendants.

Anleihen

Anleihen gibt es in etlichen Varianten und Ausführungen. Ihr Spektrum reicht von sehr sicher bis hochriskant. Hier erfahren Sie alles über die wichtigsten Vertreter dieser Anlageklasse.

Anleihen (englisch: Bonds) sind neben Aktien die zweite große Anlageklasse. Wer eine Anleihe kauft, leiht Staaten oder Unternehmen für einen begrenzten Zeitraum Geld und erhält dafür Zinsen. Daher nennt man Anleihen auch Schuldverschreibungen oder festverzinsliche Rentenpapiere. Die Geldgeber bezeichnet man auch als Gläubiger oder Zeichner, die Herausgeber der Anleihe als Schuldner oder Emittenten.

Anleihen haben im Gegensatz zu Aktien in der Regel eine feste Laufzeit. Die Laufzeit ist der Zeitraum zwischen der Ausgabe der Anleihe durch den Emittenten und dem letzten Handelstag, an dem der Emittent das Geld zurückzahlen muss. Laufzeiten können kurz sein, etwa fünf Jahre, aber auch sehr lange, 30 oder gar 100 Jahre.

Wer eine Anleihe kauft, erhält das Recht auf Rückzahlung des sogenannten Nennwertes am Ende der Laufzeit. Der Nennwert (oder auch: Nominalwert) ist jener Geldbetrag, der auf der Anleihe steht – und nicht zwingenderweise der Betrag, den Sie für die Anleihe bezahlt haben. Das liegt daran, dass Sie Anleihen so wie auch Aktien an der Börse handeln und für mehr oder weniger als den eigentlichen Nennwert erwerben können. Dazu aber später mehr. Zudem erhält man das Recht auf Verzinsung. Das ist so ähnlich wie bei einem Bankkredit, nur jetzt sind Sie der oder die Geldgebende. Als solche gehen Sie das Risiko ein, dass der Emittent unter Umständen bis zum Ende der Laufzeit pleitegeht und das geliehene Geld nicht mehr zurückzahlen kann.

Deshalb bekommen Anlegerinnen und Anleger als Risikoausgleich regelmäßige Zinszahlungen, oftmals jährlich, manchmal auch halb- oder vierteljährlich. Die Höhe dieser Zinszahlungen wird in Prozent des Nennwerts angegeben und Zinskupon genannt. Die meisten Anleihen bieten einen festen Zinskupon. Das heißt, dass Sie als Anlegerin oder Anleger bis zum Laufzeitende eine stets gleichbleibende Verzinsung und damit auch einen immer gleichbleibenden Zinsertrag haben.

Beispiel: Bei einem Nennwert von 100 Euro, einem Zinskupon von 3 Prozent und einer Laufzeit von sieben Jahren erhalten Sie jährlich drei Euro Zinsen sowie am Ende der Laufzeit den Nennwert von 100 Euro.

Die Höhe des festgelegten Zinskupons ist abhängig von der Kreditwürdigkeit des

Emittenten, aber auch von der Laufzeit und den Marktgegebenheiten zum Zeitpunkt der Ausgabe (oder auch: Emission). Wirklich ausschlaggebend ist aber die Kreditwürdigkeit, die sogenannte Bonität. Je schlechter die Bonität, desto höher der Kupon. Im Gegensatz dazu gibt es für Anleihen von Emittenten mit einer besonders hohen Bonität niedrigere Zinsen. Das heißt: Wer ein höheres Risiko eingeht, erhält auch einen höheren Zinssatz. Wer auf Nummer sicher gehen möchte, bekommt weniger.

Wie gut oder schlecht die Bonität von Anleiheemittenten ist, beurteilen internationale Ratingagenturen wie Standard & Poor's (S&P), Moody's oder Fitch. Moody's kennzeichnet Schuldner mit der höchsten Bonität und dementsprechend dem geringsten Risiko mit „AAA" (siehe auch Tabelle „Ratingmatrix", rechts). Alle Bewertungen von „AAA" bis inklusive „BBB" bezeichnet man auch als „Investment Grade". Dieses Gütesiegel bescheinigt dem Wertpapier eine anlagewürdige Bonität. Alles darunter ist mangelhaft oder gar „Ramsch" und damit hochriskant. Das ist insbesondere für vorsichtige Anleger, Anlegerinnen wichtig.

Nennwert – Kurswert

Jetzt kommen wir noch einmal genauer auf das Thema Börsenhandel zu sprechen. Wer in Anleihen anlegt, kann, muss sie aber nicht bis zum Ende der Laufzeit halten. Sie können diese auch schon zuvor an der Börse verkaufen. Genauso können Sie Anleihen, die vom Emittenten bereits herausgegeben wurden und noch eine Restlaufzeit besitzen, kaufen. Aus diesem Grund haben Anleihen genauso wie Aktien einen Kurs. Dieser Kurs wird aber nicht wie bei einer Aktie in Euro oder US-Dollar angegeben, sondern in Prozent des Nennwertes. Der Nennwert ist sozusagen der ursprüngliche Preis der Anleihe, und zum Kurswert handelt die Anleihe an der Börse.

Das bedeutet in der Praxis nun Folgendes: Wer eine Anleihe zu einem Kurs von 100 Prozent kauft, muss 100 Prozent des Nennwerts bezahlen und erhält am Laufzeitende 100 Prozent wieder zurück. Bei einem Nennwert von 100 Euro bezahlen Sie also auch wirklich 100 Euro und bekommen am Laufzeitende 100 Euro wieder.

Der Kurs einer Anleihe kann aber genauso 90 Prozent betragen. Um bei unserem Beispiel zu bleiben: In diesem Fall bezahlen Sie lediglich 90 Euro, erhalten am Laufzeitende aber den vollen Nennwert von 100 Euro – ein Kursgewinn!

Wie kann es überhaupt dazu kommen, dass der Kurs einer Anleihe steigt oder gar fällt? Das hat mit einer auf den ersten Blick etwas eigentümlichen Dynamik zwischen Anleihen und Marktzinsen zu tun: Wenn die Zinsen am Markt steigen, fallen die Kurse all jener Anleihen, die sich bereits im Umlauf befinden.

Auf den zweiten Blick ist das durchaus einleuchtend: Angenommen, die EZB hebt ihre Leitzinsen an und der vorherrschende

Ratingmatrix

Diese Tabelle zeigt die Ratingskalen zweier führender Ratingagenturen. Die Ratingcodes bezeichnen die Kreditwürdigkeit des Schuldners, also des Herausgebers der Anleihe. Als „anlagewürdig" (englisch: Investment Grade) gelten die Codes Aaa bis inklusive Baa3 (Standard & Poor's) beziehungsweise AAA bis inklusive BBB– (Moody's). Alle Ratings darunter (etwa Ba1, Caa bis hin zu C beziehungsweise BB+, CC+ bis hin zu D) warnen vor einem erhöhten Ausfallrisiko und bezeichnen damit ein (hoch)spekulatives Investment.

Standard & Poor's (S&P)	Moody's	Bezeichnung	Beschreibung
Aaa	AAA	Prime	Beste Bonität, geringstes Ausfallrisiko
Aa1	AA+	High grade	Sehr gute bis hohe Bonität
Aa2	AA		
Aa3	AA–		
A1	A+	Upper medium grade	Gute bis befriedigende Bonität
A2	A		
A3	A–		
Baa1	BBB+	Lower medium grade	Befriedigende Bonität
Baa2	BBB		
Baa3	BBB–		

Marktzins steigt. Nun gibt es für sichere Geldanlagen bei Banken plötzlich mehr Zinsen als zuvor. Sollte dieser Marktzins den Zinskupon „alter" Anleihen übersteigen, werden diese weniger wert. Weniger Menschen interessieren sich nun für bereits ausgegebene Anleihen mit vergleichsweise niedrigerer Verzinsung – ihr Kurs fällt.

Kaufentschlossene finden sich trotzdem. Denn der Kurs der „alten" Anleihe fällt so lange, bis er einen Punkt erreicht, der den niedrigeren Zinskupon ausgleicht. In anderen Worten: Man akzeptiert als Käuferin, Käufer die niedrigere Verzinsung, bezahlt dafür aber auch weniger als 100 Prozent des Nennwerts. Die Gesamtrendite ist in der

Summe die gleiche wie bei neuen, höher verzinsten Anleihen zu höheren Preisen.

Umgekehrt können die Marktzinsen natürlich auch fallen. Dann wiederum steigt die Nachfrage nach Anleihen mit einem vergleichsweise höheren Zinskupon – ihre Kurse steigen. Nun könnten Sie sich dafür entscheiden, das Rentenpapier nicht bis zur Fälligkeit zu halten, sondern es an der Börse gewinnbringend zu veräußern. Da der Kurs gestiegen ist, erhalten Sie jetzt mehr Geld, als Sie selbst dafür gezahlt haben.

Wie stark eine Anleihe auf Zinsveränderungen reagiert, hängt vor allem davon ab, wie lang die Anleihe noch läuft. Je länger die Restlaufzeit, desto stärker der Kursverfall bei Zinserhöhungen.

→ Beispielrechnung: Kursgewinne mit Anleihen

Anders als bei Aktien kaufen Anleger bei Anleihen nicht eine bestimmte Stückzahl, sondern einen Nominalbetrag, den sogenannten Nennwert. Wollen Sie 1 000 Euro investieren, dann kaufen Sie beispielsweise zehn Anleihen mit einem Nennwert von jeweils 100 Euro. Dieser Nennwert entspricht bei der Anleiheemission einem Kurswert von 100 Prozent. Behalten Sie Ihre Anleihen bis zum Ende der Laufzeit, erhalten Sie 1 000 Euro beziehungsweise 100 Prozent zurück (zuzüglich Zinsen). Sollte das Zinsniveau am Markt zwischenzeitlich fallen, steigt der Kurswert der bereits im Umlauf befindlichen Anleihe, vielleicht auf 110 Prozent. Denn mehr Anlegerinnen und Anleger interessieren sich nun für die „alten" Rentenpapiere mit dem relativ höheren Zinskupon. Sollten Sie sich dazu entscheiden, nicht bis zum Laufzeitende zu warten, sondern Ihre Anleihen jetzt zu verkaufen, erhalten Sie 1 100 Euro – ein Kursgewinn von 10 Prozent.

Wichtig für vorsichtige Menschen: Wer einfach nur regelmäßige Zinszahlungen im Blick hat und Anleihen auf jeden Fall bis zum Ende halten möchte, braucht sich über all das keinen Kopf zu zerbrechen. Es ist in diesem Fall völlig egal, wie hoch oder niedrig der Kurs Ihrer Anleihe gerade ist. Ihnen stehen in jedem Fall unverändert der vereinbarte Zinskupon und am Laufzeitende der volle Nennwert zu. Wir haben lediglich verdeutlicht, dass man mit Anleihen auf zwei Arten Rendite erzielen kann: mit Zinsen und mit potenziellen Kursgewinnen.

Die wichtigsten Anleihe-Varianten

Die am weitesten verbreitete Anleihe-Form ist die Festzinsanleihe (englisch: Fixed Rate Notes), dementsprechend auch Standardanleihe genannt. Wer eine Festzinsanleihe kauft, erhält das Recht auf feste, das heißt gleichbleibende, Zinszahlungen über die gesamte Laufzeit.

Im Gegensatz zu Festzinsanleihen wird der Kupon bei variabel verzinslichen Anleihen (englisch: Floating Rate Notes oder „Floater“) periodisch an einen Referenzzinssatz angepasst. Ein bekannter Referenzzinssatz ist der Euribor (Euro Interbank Offered Rate). An ihm orientieren sich viele unterschiedliche weitere Zinssätze. Der Euribor ist der durchschnittliche Zinssatz, zu dem Banken untereinander Geld kurzfristig anlegen. Er wird jeden Tag neu festgesetzt. Der Vorteil von variabel verzinsten Anleihen gegenüber Festzinsanleihen liegt in ihren geringeren Kursschwankungen. Die Kurse von fix verzinsten Anleihen fallen (steigen) bei einem steigenden (fallenden) Zinsniveau. Das ist bei variabel verzinsten Anleihen nicht der Fall: Ihre Zinsen werden regelmäßig angepasst, und dadurch kommt es kaum zu Kursschwankungen. Der Nachteil daran: Es gibt nur eine geringe Chance auf Kursgewinne.

Inflationsindexierte Anleihen (englisch: Linker) sind ebenfalls variabel verzinst. Bei ihnen ist die Verzinsung an einen Verbraucherpreisindex gekoppelt. Steigt die Inflation um beispielsweise 2 Prozent, steigen auch Kupon und Rückzahlungssumme um 2 Prozent. Das gibt Anlegern und Anlegerinnen einen gewissen Schutz gegen steigende Verbraucherpreise. Doch aufgepasst: Mit Linkern gehen Sie de facto eine Inflationswette ein. Eine Investition rentiert sich nur dann, wenn die Teuerungsrate höher ausfällt, als die anderen Marktteilnehmer erwarten. Fällt die Inflationsrate hingegen niedriger als erwartet aus, machen Anleger ein schlechtes Geschäft. Inflationsindexierte Anleihen können auch verlieren, wenn sowohl Marktzinsen als auch Inflationsrate steigen, der Zinsanstieg den Anleihekurs aber stärker drückt, als die Inflationserwartung ihn hebt. Zu diesem Szenario kam es im Jahr 2022. Ausschlaggebend für eine Investition ist also die Inflationserwartung des Anlegers oder der Anlegerin im Vergleich zur breiten Marktmeinung.

Null-Kupon-Anleihen (englisch: Zerobonds) bieten wiederum gar keine laufenden Zinsen. Das ist dann sinnvoll, wenn Anlegende keine laufenden Einnahmen aus Zinszahlungen benötigen. Schließlich bezahlt der Emittent am Ende der Laufzeit die volle Höhe des Nennwerts zurück. Die Differenz zwischen niedrigerem Ausgabe-/Einstands- und höherem Rückzahlungskurs entspricht der Rendite – die sich natürlich auch am Marktzins für normale Anleihen orientiert.

Fremdwährungsanleihen: Wie es der Name bereits verrät, fallen in diese Kategorie sämtliche Anleihen, die nicht auf Euro lauten. Dazu zählen beispielsweise Anleihen in US-Dollar. Eine Investition in Fremdwährungsanleihen kann sinnvoll sein, wenn sie gegenüber der Eurozone einen höheren Zinskupon bieten. Außerdem haben Anleger hier die Chance auf Währungskursgewinne – aber selbstverständlich besteht ebenso das Risiko von Währungskursverlusten, für vorsichtig Anlegende sind sie daher keine Option.

Die wichtigsten Anleihe-Typen

Die am häufigsten gehandelten Anleihen sind Staatsanleihen (englisch: Government Bonds). Anleihen von Staaten mit hoher Kreditwürdigkeit gelten, im Vergleich zu Aktien, als sichere Wertpapiere. Das trifft etwa auf deutsche Bundesanleihen zu, die abhängig von ihrer Laufzeit auch „Bund" oder „Bobl" (für: Bundesobligation) genannt werden. Es ist äußerst unwahrscheinlich, dass Deutschland den Staatsbankrott anmelden muss und seinen Zahlungsverpflichtungen nicht mehr nachkommen kann. Die Ratingagentur S&P vergibt für die Kreditwürdigkeit Deutschlands das Spitzenrating „AAA". Damit kommen Bundesanleihen ganz klar für vorsichtige Anlegende infrage.

Zwar spielt das Thema Diversifikation bei derart sicheren Papieren eine untergeordnete Rolle. Dennoch kann Risikostreuung auch bei Staatsanleihen sinnvoll sein. Wer vorsichtig anlegen will, tut immer gut daran, das Geld nicht nur an einen Emittenten zu verleihen. Das gilt vor allem dann, wenn Sie auch Anleihen anderer Staaten in Ihr Portfolio holen möchten, die vielleicht mehr Zinsen abwerfen. In diesem Fall greifen Vorsichtige zu Anleihenfonds und -ETF. Fonds enthalten eine Vielzahl solcher Schuldverschreibungen. Dadurch sinkt das Ausfallrisiko des Gesamtportfolios noch weiter. Für Vorsichtige sind Staatsanleihen-Fonds von Euroländern besonders empfehlenswert, da sie das geringste Ausfallrisiko aufweisen (siehe Tabelle S. 58/59).

Unternehmensanleihen: Auch Unternehmen finanzieren sich am Kapitalmarkt, indem sie Anleihen ausgeben. Für sie sind Unternehmensanleihen (englisch: Corporate Bonds) eine Alternative zu klassischen Bankkrediten. Anleihen bieten Unternehmen einen sehr viel größeren Gestaltungsspielraum, da sie sich unabhängig von ihrer Hausbank machen. Möglicherweise bekommt ein Unternehmen mit geringer Bonität gar keinen Bankkredit, kann sich aber mit entsprechend hohen Zinszahlungen frisches Kapital am Rentenmarkt besorgen.

Unternehmensanleihen sind in der Regel risikoreicher als Staatsanleihen. Die Wahrscheinlichkeit, dass ein Unternehmen pleitegeht, ist größer, als dass Deutschland seine Schulden nicht mehr zurückzahlen kann. Bei Unternehmen mit hervorragender Bonität ist dieses Ausfallrisiko zwar sehr gering. Kaum ein Konzern verfügt aber über eine so gute Bonität wie die Bundesrepublik. Bei der Wahl zwischen Staatsanleihen und Unternehmensanleihen mit jeweils Investment Grade greifen vorsichtig Anlegende daher besser zur sicheren Staatsanleihe.

Hochzinsanleihen: Wie es der Name bereits verrät, handelt es sich bei Hochzinsanleihen (englisch: High-Yield-Bonds) um Unternehmensanleihen mit hoher Verzinsung. Das gibt es allerdings nicht geschenkt. Hochzinsanleihen zeichnen Emittenten mit schlechter Bonität und einem dementsprechend erhöhten Ausfallrisiko aus. Diese Unternehmen sehen sich also gezwungen, relativ hohe Zinsen zu bezahlen, um überhaupt an frisches Kapital zu kommen. Bei Papieren mit Renditen von bis zu 7 Prozent liegt die historische Ausfallrate bei etwa 20 Prozent. Immerhin: Die Volatilität (siehe Kasten S. 40) von High-Yield-Bonds-ETF ist immer noch deutlich geringer als bei Aktien-ETF. Wer also schon etwas tiefer in der Materie steckt und bereit ist, etwas mehr Risiko einzugehen, kann mit ETF, die Hunderte oder gar Tausende Hochzinsanleihen bündeln, auf mehr Rendite hoffen.

Pfandbriefe: Bei Pfandbriefen handelt es sich um festverzinsliche Anleihen von Hypotheken- oder Pfandbriefbanken. Pfandbriefe sind eine buchstäblich felsenfeste Geldanlage. Denn zur Absicherung jedes einzelnen Pfandbriefes stehen Grundstücke und Pfandrechte daran zur Verfügung. Das heißt: Als Sicherheit bieten die Emittenten Ihnen als Geldgeber eine Immobilie, die dem Wert der Einlage entspricht. Hypothekenbanken geben diese Form von Anleihen heraus, um sich Geld zu beschaffen, das sie an Bauherrinnen und Grundeigentümer weiterverleihen.

Eine Sonderform des Pfandbriefs ist der Jumbo-Pfandbrief. Er unterliegt besonderen gesetzlichen Bestimmungen, dem Pfandbriefgesetz. Jumbo-Pfandbriefe zeichnen sich aus durch eine besonders hohe Bonität und sind daher eine ziemlich sichere Geldanlage. Sie sind am Kapitalmarkt begehrt und lassen sich deshalb auch schnell weiterverkaufen. Diese Sicherheit hat ihren Preis: Ihre Erträge sind in der Regel gering. Das gilt umso mehr in Zeiten des Niedrigzinses wie in den vergangenen Jahren.

Steckbrief Sicherheit

Euro-Staatsanleihen, Unternehmensanleihen mit Top-Bonität und Jumbo-Pfandbriefe: Das sind sichere Wertpapiere. – In den vergangenen Jahren gab es für sichere Anleihen nur magere oder Negativzinsen. Das ändert sich langsam wieder. – In Zeiten, in denen Anleihen kaum oder gar negative Rendite erwirtschaften, greifen alle, die ihr Geld sicher parken möchten, besser zu einer Fest- oder Tagesgeldanlage. Sollte wieder verlässlich mehr Rendite drin sein, eignen sich Euro-Staatsanleihen und dabei vor allem die deutsche Bundesanleihe als Alternative zum Tages-/Festgeld im Pantoffel-Portfolio. – Für vorsichtige Anleger und Einsteiger sind auch kurzlaufenden Euro-Staatsanleihen-ETF interessant. Diese fassen gleich mehrere Rentenpapiere zusammen. Das minimiert das Totalverlust-Risiko. Durch die kurze Restlaufzeit reagieren diese Anleihen-ETF nur minimal auf Zinsänderungen. Das bringt Stabilität ins Portfolio.

ETF auf diese Anleiheindizes eignen sich als Basisanlage

	Staatsanleihen	
Name des Index	**Bloomberg Euro Treasury**	**Markit iBoxx EUR Sovereigns Eurozone**
Anzahl Anleihen	467	463
Länderverteilung (Prozent)		
Deutschland	18,9	18,6
Frankreich	24,5	24,2
Italien	21,8	21,5
Anleiheart (Prozent)		
Staat [1)] / Unternehmen / besichert [2)]	100/0/0	100/0/0
Bonitätsverteilung nach Standard		
AAA	23,7	23,4
AA+ bis AA–	36,4	34,2
A+ bis A–	15,8	15,7
BBB+ bis BBB– [3)]	24,1	26,7
Laufzeitenverteilung (Prozent)		
1 bis 3 Jahre	22,4	17,7
3 bis 7 Jahre	34,3	31,6
Mehr als 7 Jahre	43,3	50,7
Zinsänderungsrisiko		
Modifizierte Duration	7,2	7,2
Wertentwicklung (Prozent pro Jahr)		
Rendite 5 Jahre p.a.	–2,3	–2,3
Kommentar	Breit gestreut, fast identisch mit dem Markit iBoxx EUR Sovereigns Eurozone. Relativ hohes Zinsänderungsrisiko.	Breit gestreut, fast identisch mit dem Bloomberg Euro Treasury. Relativ hohes Zinsänderungsrisiko.
Fonds		
Name möglicher ETF	iShares (IE 00B 4WX JJ6 4) SPDR (IE 00B 3S5 XW0 4) Vanguard (IE 00B Z16 3H9 1)	Xtrackers (LU 029 035 571 7)

1) Inklusive staatsnahe Anleihen. 2) Zum Beispiel Pfandbriefe. 3) Einschließlich „nicht bewertet“.

			Gemischte Anleihen
	FTSE Eurozone Government Broad IG	**eb.rexx Government Germany**	**Bloomberg Euro Aggregate**
	372	25	6690
	18,9	100	19,7
	25,3		21,8
	22,2		13,6
	100/0/0	100/0/0	61,4/28,2/5,3
	23,7	100	27,1
	37,7		29,0
	14,9		18,5
	24,4		25,4
	20,8	22,7	24,4
	34,7	53,0	39,7
	44,5	24,2	35,8
	7,2	4,8	6,2
	–2,3	–2,5	–2,3
	Staatsanleihen der Euro-Staaten mit zwei oder mehr Investment- Grade-Ratings. Relativ hohes Zinsänderungsrisiko.	Sicherste Variante, da nur deutsche Staatspapiere mit maximal 10,5 Jahren Laufzeit im Portfolio. Renditechancen sehr gering.	Fokus auf Staatsanleihen, umfasst auch Unternehmensanleihen. Risiko kaum höher als bei reinen Staatsanleihenindizes.
	Amundi (LU 168 104 626 1)	iShares (DE 000 628 946 5)	SPDR (IE 00B 41R YL6 3)

Quellen: Indexanbieter, ETF-Anbieter, Refinitiv, eigene Berechnungen Stand: 1. Januar 2023

Gold und andere Rohstoffe

Rohstoffe stellen eine eigene Anlageklasse dar. Der wohl bekannteste unter ihnen: Gold. Doch das glänzende Edelmetall ist keine sichere Anlage. Lesen Sie etwas zu Chancen und Risiken.

Investitionen in Rohstoffe, dieser Gedanke beschäftigt in letzter Zeit viele Menschen: Egal ob Metall, Gas oder Getreide – Anlegerinnen und Anleger investierten zuletzt wieder verstärkt in Rohstoffe.

Gerade in unsicheren Zeiten, sei es aufgrund der Covid-19-Pandemie, hoher Inflationsraten oder geopolitischer Risiken und Kriege, suchen Menschen nach alternativen Geldanlagen. Sie wollen ihr Risiko breiter streuen. Ganz nach dem Motto: Nicht alles nur auf ein Pferd setzen.

Rohstoffe selbst sind eine riskante Anlageklasse. Zugleich aber weisen sie gegenüber Aktien und Anleihen so gut wie keine Korrelation auf – oder kurzfristig sogar eine negative. Das bedeutet, dass sich die Preise von Rohstoffen relativ unabhängig von jenen anderer Anlageklassen entwickeln – dass sie sich mitunter sogar gegenläufig verhalten.

Gerade bei extremen Aktieneinbrüchen flüchten viele Anleger in Gold. Während der MSCI World während seiner 20 schlechtesten Börsenwochen seit dem Jahr 2000 um durchschnittlich 8 Prozent gefallen ist, konnte Gold in den gleichen Wochen im Schnitt um 1 Prozent zulegen. So kann Gold ein Aktiendepot stabilisieren.

Umgekehrt ist der Goldpreis in der Vergangenheit auch schon gefallen, wenn mehr Menschen in Aktien investierten. Sie merken es schon an unserer Formulierung: Das waren zwar häufig auftretende Muster, jedoch keinesfalls Naturgesetze. Sicher ist das niemals.

Rohstoffe als Geldanlage – was ist zu bedenken?

Rohstoffe können also in der Theorie dafür sorgen, das eigene Portfolio zu diversifizieren. Als Beimischung können sie das Gesamtrisiko eines Depots verringern. Dagegen ist die Aussicht, mit Rohstoffinvestments auch Gewinne zu erzielen, weitaus unsicherer.

Gewinnchancen ergeben sich vor allem am Beginn wirtschaftlicher Hochphasen, wenn die Nachfrage nach einzelnen Energieträgern und bestimmten Industriemetallen steigt. Als Anlegerin, Anleger stehen Sie aber vor der Herausforderung, solche Entwicklungen zu erkennen, noch bevor die Preise in die Höhe schnellen. Eine solche

Die wichtigsten börsengehandelten Rohstoffe

Rund ein Drittel des weltweiten Börsenhandels entfällt auf Rohstoffe. An sogenannten Warenterminbörsen wechseln diese Rohstoffe nicht direkt die Besitzer, sondern es werden Geschäfte für die Zukunft vereinbart – von Gold bis Getreide.

Fossile Energieträger	Edelmetalle	Industriemetalle	Agrarprodukte	Viehwirtschaft
Erdöl (WTI oder Brent)	Gold	Kupfer	Weizen	Lebendrind
Erdgas	Silber	Aluminium	Zucker	Mastrind
Benzin	Platin	Eisen	Baumwolle	Schweine
	Palladium	Nickel	Kakao	
		Zink	Kaffee	
		Zinn	Sojabohnen	
		Blei	Mais	
		Lithium	Orangensaft	

Anlagestrategie empfehlen wir grundsätzlich nicht.

Eine Eigenschaft, die Anleger immer wieder in Rohstoffe lockt, ist ihr natürlich begrenztes Angebot. Wobei das nicht bedeuten muss, dass nicht ausreichend Ressourcen vorhanden wären. Wir veranschaulichen das am Beispiel von Lithium: Das mittlerweile sogar als „weißes Gold" betitelte Leichtmetall ist ein unverzichtbarer Bestandteil für den Megatrend Elektromobilität. Es wird unter anderem für den Bau von Autobatterien benötigt. Nun sind sich zwar alle Expertinnen und Experten einig, dass ausreichend natürliche Lithium-Vorkommen existieren, um diesen Bedarf zu decken. Doch der Rohstoff muss erst einmal gefördert werden – das ist schwierig und entsprechend kostenintensiv. Noch dazu konzentrieren sich die natürlichen Vorkommen auf einige wenige Länder. Hier herrschen also oligopolitische Strukturen. All das treibt den Lithiumpreis, allein im Jahr 2021, um dramatische 477 Prozent in die Höhe. Doch bevor Sie jetzt Hals über Kopf in Lithium, Gold und Öl investieren, sollten Sie wissen: Rohstoffpreise unterliegen starken Schwankungen. So schnell, wie

Ölpreis: Schwankungen seit Jahrzehnten

Der Ölpreis war immer wieder starken Ausschlägen ausgesetzt, wie die Preisentwicklung (in US-Dollar) für US-Ölimporte seit den 1970er-Jahren zeigt. In Zeiten hoher Inflation stiegen die Ölpreise immer noch stärker – ähnlich wie zum Jahreswechsel 2022/2023.

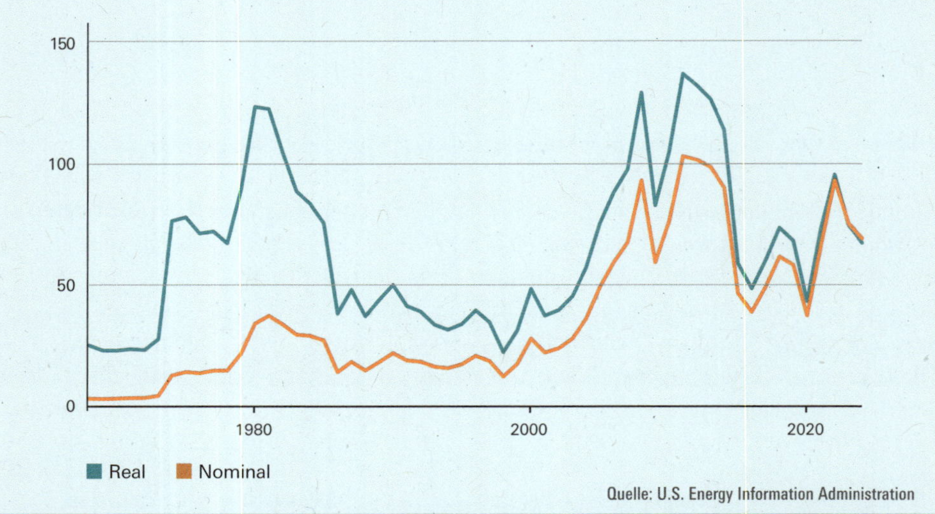

Quelle: U.S. Energy Information Administration

es bergauf gehen kann, so schnell geht es auch wieder bergab.

So fiel etwa der Preis für die amerikanische Ölsorte WTI zu Beginn der Finanzkrise 2008 um 76 Prozent, von 145 auf 34 Dollar. Im Jahr zuvor war er beinahe ebenso stark in die Höhe geschossen. Im Pandemiejahr 2020 führten volle Öllager in den USA, weiterhin hohe Ölförderung und eine plötzlich einbrechende Nachfrage sogar kurzzeitig zu negativen Ölpreisen für US-Rohöl.

Jetzt könnte man sagen: Das waren historische Ausnahmesituationen. Doch auch langfristig schwanken Rohstoffpreise auf einem ähnlichen Niveau wie Aktien. Einer der am besten performenden Indizes der vergangenen 22 Jahre war der „Liquid Commodity Index – Optimum Yield Balanced“ der Deutschen Bank. Der Rohstoffindex bildet unter anderem die Wertentwicklung von Öl, Gas, Kupfer, Gold, Silber, Weizen und Zucker nach. Seine Volatilität betrug zwischen 1999 und 2021 16 Prozent, der MSCI World kam im selben Zeitraum auf 17 Prozent.

Zudem durchlaufen Rohstoffe mitunter lange Phasen des Auf- oder Abschwungs. Nach einer Korrektur kann es also mitunter viele Jahre dauern, bis Anlegerinnen aus der Verlustzone kommen. Sie sehen: Hier ist Vorsicht angebracht.

Die hohe Volatilität (siehe Kasten S. 40) am heterogenen Rohstoffmarkt hat unterschiedliche Gründe:

Agrarrohstoffe sind stark von den Wetterbedingungen abhängig. Dürre und Kältewellen können zu Ernteausfällen führen. Das beeinflusst die Rohstoffpreise. Die Zunahme heftiger Wetterextreme durch die weltweiten Klimaveränderungen erhöhen laut Experten dieses Schwankungsrisiko immer weiter. Die Förderquoten von Edel- und Industriemetallen schwanken etwa dann, wenn Produzenten zwischenzeitlich auf weniger ergiebige Abbaugebiete stoßen oder sich die Förderung für das Unternehmen finanziell nicht lohnt.

Bei allen importierten Rohstoffen spielen politische Entwicklungen im Ausfuhrland eine wichtige Rolle. Das hat der russische Angriffskrieg auf die Ukraine für die Öl-, Gas- und Weizenmärkte verdeutlicht: Aus Sorge vor Lieferausfällen schossen die Preise unter anderem für Weizen, Öl und Gas in die Höhe.

→ Problem: Spekulation

Immer wieder geraten Rohstoffinvestments in die Schlagzeilen, weil Spekulanten beispielsweise Nahrungsmittelpreise in die Höhe treiben sollen. Allerdings sind die häufig beschriebenen negativen Effekte nicht belegt, zumal sich Bauern durch die oft angeprangerten Termingeschäfte auch künftige Verkaufspreise sichern und sich so vor einem Preisverfall schützen können. Wen das nicht überzeugt, der kann Anlageprodukte wählen, die auf Agrarrohstoffe verzichten. Aber Achtung: Ohne Nahrungsmittel enthalten entsprechende ETF beispielsweise meist noch mehr fossile Energieträger wie Öl und Gas. Auf Spekulationen damit möchten viele wegen des Klimawandels auch verzichten.

Der Rohstoffhandel bringt zwei Besonderheiten mit sich. Die erste Besonderheit: Terminkontrakte. Anders als bei Aktien oder Anleihen handelt es sich bei Rohstoffen um physische Waren, die gelagert werden müssen. Allerdings möchte kaum jemand ernsthaft die eigene Garage mit Rohöl-Fässern oder tonnenweise Sojabohnen befüllen. Daher erfolgt der Rohstoffhandel an der Börse zum überwiegenden Teil in Form von Derivaten, sogenannten Terminkontrakten (englisch: Futures, siehe auch Kasten „Gut zu wissen“, S. 64).

Anlegerinnen und Anleger erhalten durch solche Futures die Möglichkeit, mit Rohstoffen zu handeln, ohne diese tatsächlich in physischer Form besitzen zu müssen. Das erleichtert den Börsenhandel ungemein. Ungeachtet dessen sind Futures komplexe Finanzderivate, bei denen Börsenneulinge Vorsicht walten lassen sollten.

Die zweite Besonderheit beim Rohstoffhandel ist das Wechselkursrisiko. Denn beinahe alle Rohstoffe werden in US-Dollar gehandelt. Das bedeutet für in Euro getätigte Investitionen, dass ihre künftige Entwicklung nicht ausschließlich vom Wert des Rohstoffes selbst abhängt. Wechselkursschwankungen spielen ebenso eine bedeutende Rolle. Entwickelt sich der Wechselkurs zum Dollar ungünstig, können Euro-Anleger Verluste einfahren. Spekulanten sehen genau darin wiederum mehr Chance als Risiko. Doch vorsichtige Anlegerinnen dürfen das keinesfalls unterschätzen.

Gut zu wissen

Futures sind Termingeschäfte: Man verabredet hier den Kauf oder Verkauf eines Rohstoffs in der Zukunft. Ist die Sache fest vereinbart, heißt das Future (unverbindliche Termingeschäfte nennt man Optionen). Kaufen Investoren einen Rohstoff-Future, möchten aber bei Auslaufen des Futures nicht die Rohstoffe geliefert bekommen, müssen sie ihn vor Fälligkeit verkaufen und in einen neuen mit längerer Laufzeit anlegen. Diesen Vorgang nennt man „rollen“. Futures waren ursprünglich dazu gedacht, Produzenten gegen Preisschwankungen abzusichern.
Beispiel: Befürchtet eine Landwirtin, dass der Weizenpreis bis zu ihrer Ernte fallen wird, kann sie sich mit einem Future den heutigen Preis sichern. Die Gegenpartei, eine Brotfabrik, will sich ihrerseits gegen Preisanstiege absichern. Es geht also um Planungssicherheit. Liegt der Weizenpreis zum Fälligkeitsdatum unter dem ursprünglich vereinbarten Preis, dann hat die Landwirtin Glück gehabt und ein gutes Geschäft gemacht – umgekehrt sieht es für die Brotfabrik aus.

Beispiel: Damit es nicht zu kompliziert wird, erklären wir das ganze Wechselkursrisiko anhand von Aktien. Angenommen, Sie kaufen Aktien, die ausschließlich in US-Dollar gehandelt werden, und bezahlen in Euro. Die Umrechnung übernimmt Ihre Depotbank. Der Wert dieser Aktien beträgt zum Kaufzeitpunkt 1500 US-Dollar und der Wechselkurs zwischen Dollar und Euro 1,2:1. Der US-Dollar ist also günstiger als der Euro. Das bedeutet für Sie, dass Sie die Wertpapiere für 1250 Euro kaufen können (1500:1,2). Fortan müssen Sie nicht nur den Aktienkurs, sondern auch den Wechselkurs im Auge behalten. Sollte sich der Aktienkurs selbst nicht verändern, doch der US-Dollar auf 1,3:1 fallen, verbuchen Sie beim Verkauf einen Verlust. Die Papiere sind zwar noch 1500 US-Dollar wert, doch ausbezahlt bekommen Sie in diesem Beispiel lediglich 1153,80 Euro (1500:1,3).

Hohe Schwankungen, Währungsrisiken, unvorhersehbare Verläufe und komplexe Termingeschäfte: Rohstoffe sind offensichtlich eine besonders anspruchsvolle Anlageklasse. Aufgrund der vielschichtigen Einflüsse auf ihre Wertentwicklung sind verlässliche Prognosen kaum möglich. Daher sind Investments in Einzelrohstoffe für vorsichtige Anlegerinnen und Anleger nicht zu empfehlen.

Ebenso sollten Sie von indirekten Rohstoffinvestitionen absehen, also dem Kauf von Aktien der Förderunternehmen, Öl- und Minengesellschaften. Wir haben in un-

Gold und internationale Aktien im Vergleich

Über die jüngsten 30 Jahre liegt der Weltaktienindex MSCI World beim Wertzuwachs klar vor Gold. Für kürzere und anders gewählte Zeiträume hat aber auch Gold in der Vergangenheit zwischendurch einmal die Nase vorn gehabt, so etwa im Zehnjahreszeitraum von 2002 bis 2012.

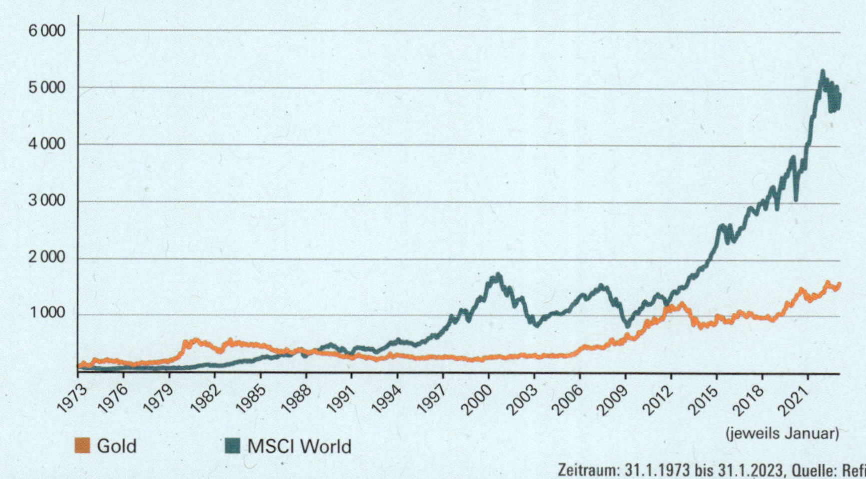

Zeitraum: 31.1.1973 bis 31.1.2023, Quelle: Refintiv

serem Sicherheitscheck von Aktien bereits erklärt, weshalb Anlagen in Einzelaktien keine gute Idee sind. Aktien(fonds) von Rohstoffunternehmen besitzen auch nicht die hier beschriebenen Diversifikationseffekte, weil sie in erster Linie eine Aktienanlage darstellen.

Die gute Nachricht: Diese Risiken lassen sich mindern, indem Anlegerinnen und Anleger in einen breiten Korb aus unterschiedlichen Rohstoffen investieren. Die Streuung in der Streuung, sozusagen. Das gelingt am besten in Form von kostengünstigen Rohstoff-ETF.

Rohstoff-ETF investieren in der Regel ebenfalls nicht direkt in einzelne Rohstoffe, sondern bilden einen Referenzindex nach. Einer der bekanntesten Rohstoffindizes ist der Bloomberg Commodity Index (BCOM). Er spiegelt die Entwicklung von 24 Rohstoff-Futures wider, darunter Erdöl, Erdgas, Kupfer, Kaffee und Gold.

Zusammengefasst: Beimischungen von Rohstoffen können ein Portfolio stabilisieren. Da aber oft auch die Rendite sinkt, ist nicht klar, ob das Rendite-Risko-Profil der Anlage verbessert werden kann. Für Vorsichtige bieten sich hier ausschließlich Rohstoff-ETF an. Wir empfehlen aber, Rohstoffe als Baustein zu betrachten, den Sie erst nach einigen Jahren Anlageerfahrung in Betracht ziehen sollten.

Gold – und was seinen Preis beeinflusst

Gold hebt sich als Geldanlage von allen anderen Rohstoffen ab – und zwar nicht nur aufgrund seiner besonderen Farbe. Deshalb verdient das gelbe Edelmetall einen eigenen Abschnitt.

Gold wird seit Jahrtausenden gefördert, war Zahlungsmittel und ist ein begehrter Rohstoff für Schmuck und Großindustrie. Gold ist auch der Klassiker unter den Kri-

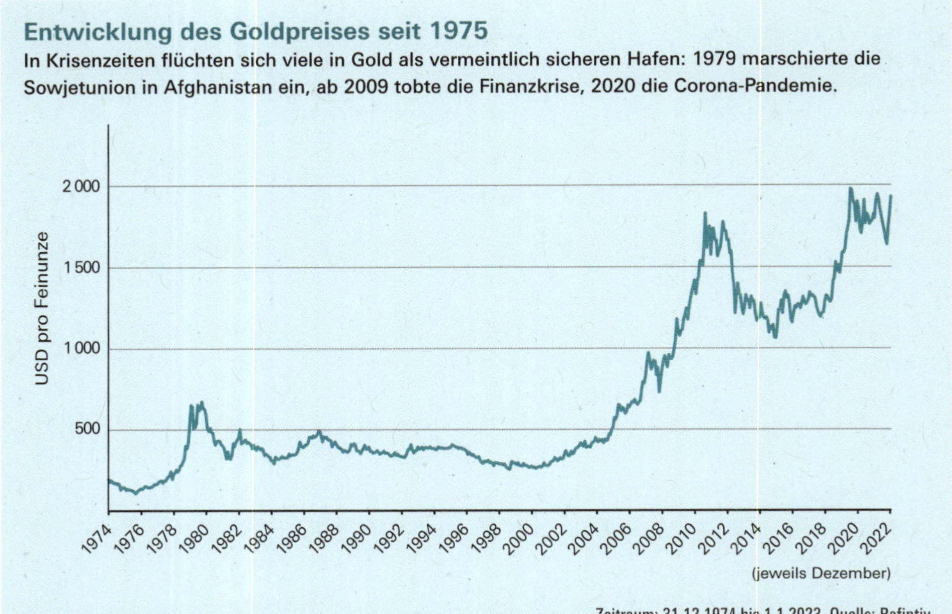

Entwicklung des Goldpreises seit 1975

In Krisenzeiten flüchten sich viele in Gold als vermeintlich sicheren Hafen: 1979 marschierte die Sowjetunion in Afghanistan ein, ab 2009 tobte die Finanzkrise, 2020 die Corona-Pandemie.

Zeitraum: 31.12.1974 bis 1.1.2023, Quelle: Refintiv

seninvestments. Als „sicherer Hafen" verheißt es Wertstabilität in unsicheren Zeiten.

Es stimmt: Gold eignet sich sehr gut zur Diversifikation von Portfolios. Mit nur einem weitverbreiteten Irrtum: Gold ist keine sichere Geldanlage. Der Goldpreis schwankte in den vergangenen 20 Jahren zwischen 300 und 1880 Euro.

Und was die Rendite anbelangt, entwickelt sich Gold – ebenso wieder andere Rohstoffe auch – langfristig eindeutig schlechter als der breite Aktienmarkt. Die Ausnahme bilden kürzere Zeitintervalle: Im Fünfjahreszeitraum zwischen 2001 und 2006 stieg der auf Euro umgerechnete Goldpreis um etwa 112 Prozent, während der MSCI World um weniger als 5 Prozent zulegte.

Ein sich frei bildender Goldpreis ist historisch betrachtet ein noch recht junges Phänomen. Bis zum Jahr 1971 war der Goldpreis administrativ festgelegt, und zwar auf 35 US-Dollar pro Feinunze. Grund dafür war das sogenannte Bretton-Woods-System – eine nach dem Zweiten Weltkrieg geschaffene internationale Währungsordnung, bei der die USA sich verpflichteten, ihre Währung jederzeit in Gold einzutauschen.

1971 stoppten die USA die nominale Goldbindung des Dollars aufgrund zahlreicher Systemmängel, 1973 brach das System endgültig zusammen. Erst als die Goldpreisbindung aufgehoben wurde, konnte sich der Goldpreis frei entfalten. In weiterer Folge schoss der Goldkurs in Dollar durch die Decke, verbunden mit ebenso heftigen Kursrücksetzern. Das geschah auch deshalb, weil mit dem Ende der Preisbindung das Goldverbot für Privatanleger fiel.

Grundsätzlich steigt oder fällt der Goldpreis in Abhängigkeit von Angebot und Nachfrage – wie auf jedem anderen Markt. Das Goldangebot wird bestimmt durch Fördermengen von Minen, recyceltem Material sowie dem Goldverkauf von Privatanlegern, Investorinnen und Notenbanken. Zu den preisbestimmenden Nachfragefaktoren zählen die vier Sektoren Schmuck, Investments, Notenbanken und Industrie.

→ Exkurs: Goldpreisentwicklung zwischen 2020 und 2022

Noch zu Beginn der Corona-Pandemie machte Gold seinem Ruf als sicherer Hafen alle Ehre. Im Fahrwasser des Aktiencrashs legte der Goldpreis eine seiner beeindruckendsten Rallys aller Zeiten hin. Anfang 2020 kostete Gold noch rund 1 550 US-Dollar je Feinunze und befand sich damit historisch gesehen bereits auf einem hohen Niveau. Anfang Mai kletterte der Preis auf 1 700 Dollar je Feinunze. Anfang August erreichte er dann mit knapp über 2 000 Dollar ein Rekordhoch. Am Ende waren es rund 1 900 Dollar und eine Jahres-Performance von knapp 25 Prozent.
2021 kam dann die große Enttäuschung: Zum Jahresende lag der Goldpreis unter dem Startniveau. Goldanleger verbuchten einen Jahresverlust von mehr als 4 Prozent. Und das, obwohl die weltweite Goldnachfrage im Vergleich zum Vorjahr sogar um 10 Prozent auf mehr als 4 000 Tonnen gestiegen ist. Die stärkste Nachfrage kam dabei von den Zentralbanken und der Schmuckindustrie, wobei China und Indien die größten Goldschmuckmärkte darstellten. Das Minus beim Goldpreis lässt sich unter anderem damit erklären, dass der Investmentsektor unterm Strich mit Mittelabflüssen von 43 Prozent zu kämpfen hatte. Gold ist eben nicht nur Rohstoff und „sicherer Hafen", sondern auch Spekulationsobjekt.

Investoren aber wandten sich verstärkt wieder dem Aktienmarkt zu, der von einem Rekordhoch zum nächsten jagte. Zum anderen verhinderte das nahende Ende der Nullzins-Politik eine weitere Goldpreis-Rally.

Als die Inflationsraten im Laufe des Jahres immer weiter in die Höhe schnellten, verkündete eine Notenbank nach der anderen, ihre milliardenschweren Anleihe-Kaufprogramme schrittweise beenden und die Leitzinsen anheben zu wollen. Der Markt sollte langsam von der Geldflut entwöhnt werden.

Alleine die entsprechende Ankündigung der US-Notenbank Fed Anfang Juni 2021 genügte, um den Goldpreis innerhalb weniger Tage um rund 5 Prozent zu drücken. Der Grund: Gold erwirtschaftet keine laufenden Erträge. Für Goldanlegerinnen gibt es weder Zinsen noch Dividenden. Steigt nun also das allgemeine Zinsniveau, werden sichere Zinsanlagen immer attraktiver.

Noch dazu ist Gold nicht wie gemeinhin angenommen ein stabiler Inflationsschutz. Das hat sich schon in den 80er- und 90er-Jahren gezeigt. In den beiden Jahrzehnten lief der Goldpreis in der Tendenz fallend, obwohl sie von einer hohen Inflation geprägt waren.

Schließlich kam es im Februar 2022 zum völkerrechtswidrigen Angriffskrieg Russlands auf die Ukraine. Der Goldpreis kletterte abermals empor und erreichte zwischenzeitlich ein neues Allzeithoch in Euro.

Wie und wo kann man Gold kaufen?

Es gibt zahlreiche Möglichkeiten, in Gold zu investieren. Die naheliegendste Option ist sicherlich der Kauf in seiner physischen Form. Anleger und Anlegerinnen können Goldbarren oder die gängigen Goldmünzen kaufen. Barren sind für Summen von mehr als 1000 Euro geeignet. Sie sollten einen Feingoldgehalt von 999,9 haben. Am besten sind Barren mit Goldprägestempeln von Heraeus, Umicore, Valcambi oder Perth Mint. Diese Firmen haben ein Zertifikat der Londoner Bullion Market Association (LBMA). Barren lassen sich leicht verkaufen. Kleinstbarren bis 5 Gramm eignen sich aber nicht als Geldanlage, denn der Unterschied zwischen dem An- und Verkaufskurs ist hier zu groß.

Was sich ebenfalls nicht als Geldanlage eignet, sind Sammlermünzen. Oft werben Händler für Goldmünzen mit interessanten Motiven, etwa ein Konterfei des Papstes, in Annoncen und Postwurfsendungen. Doch Vorsicht, ihr Preis steht in keinem attraktiven Verhältnis zum Materialwert. Oft zahlt man einen Aufpreis von 50 Prozent oder mehr gegenüber dem Goldkurs. Für Sammler mag das möglicherweise kein Problem sein, da sie die Münzen behalten wollen. Wer aber in Gold als Geldanlage investieren möchte, kann nicht voraussehen, ob er bei einem späteren Verkauf jemanden findet, der auch den „ideellen“ Wert des Objekts mitbezahlt.

Schwindelshops. Im Edelmetallgeschäft tummeln sich viele schwarze Schafe. Immer wieder wird von Schwindelshops berichtet, die bei Google teilweise unter den ersten Treffern erscheinen. Die Internetadressen ähneln oft denen echter Goldshops. Laien erkennen das kaum und überweisen ihr Geld arglos. In der Regel sehen sie es nie wieder – auch nicht die bestellten Barren oder Münzen. Tipp: Die Goldkauf-Vergleichsplattform gold.de liefert eine aktuelle Warnliste mit solchen Betrugsportalen.

Der Kauf von Barren oder Münzen direkt bei einer Bank oder einem Edelmetallhändler ist nicht für alle gleichermaßen möglich. Das mag in Großstädten kein Problem sein. In ländlichen Regionen kann das angesichts sehr weiter Strecken bis zur nächstmöglichen Verkaufsstelle mitunter ein Problem darstellen. In diesen Fällen ist der Kauf im Internet eine gute Alternative. Wer einen etablierten Händler wählt, kann sich die Münzen oder Barren bedenkenlos nach Hause liefern lassen. Die Gefahr, dass das wertvolle Gut verloren geht oder auf dem Transportweg geklaut wird, ist sehr gering. Der Händler oder die Bank trägt die Verantwortung dafür, dass das Gold tatsächlich bei den Bestellenden landet.

Lagerung kostet Geld

Physisches Gold hat im Vergleich zu anderen Rohstoffen den großen Vorteil, dass seine Lagerung wenig Platz in Anspruch nimmt. Gold im Wert von 5 000 Euro wiegt bloß so viel wie eine Tafel Schokolade. Dabei ist das Material kleiner als eine Streichholzschachtel. Die Lagerung geht dennoch mit beträchtlichen Kosten einher. Im Idealfall bewahrt man Gold in einem Bankschließfach auf. Dafür fallen jährliche Gebühren an. Die günstigste Bank verlangte dafür 40 Euro Jahresmiete, die teuerste 200 Euro. Wenn Sie Ihre Barren und Münzen bei sich zu Hause in einem Tresor lagern möchten, sollten Sie Ihren goldenen Schatz entsprechend versichern.

→ Ethik und Umwelt

Gold ist für Menschen, die Wert auf Umweltschutz und Ethik legen, problematisch. Bei der Goldförderung kommen giftige Chemikalien zum Einsatz, und die Arbeitsbedingungen sind in vielen Minen nach hiesigen Maßstäben unterirdisch. Manchmal müssen sogar Kinder in den Minen schuften und setzen ihre Gesundheit aufs Spiel. Internationale Standards wie die LBMA Responsible Gold Guidance versuchen, das zu verhindern.

Für ethisch-ökologisch Engagierte gibt es aber Kompromisse: Bei Standardmünzen können sie ältere Jahrgänge kaufen, bei Barren auf Recyclinggold setzen. Das Fairtrade-Siegel wird bei Gold für kleingewerbliche Minen vergeben. Es soll vor allem die Bedingungen für Minenarbeiter verbessern.

Gold-ETC

Für all jene, denen der physische Goldbesitz nicht so wichtig ist, eignen sich an der Börse handelbare Gold-Wertpapiere besser als Barren oder Münzen. Sie sind preiswert, einfach zu kaufen und zu verkaufen und lassen sich perfekt in ein gemischtes Fondsdepot einbauen. Denn mit Wertpapieren können Anleger ihr gewünschtes Mischungsverhältnis zwischen Gold und anderen Anlageklassen deutlich einfacher beibehalten, als das mit dem Handel von Barren möglich wäre. Man spricht hier auch von Papiergold.

Steckbrief Sicherheit

Rohstoff-Investments sind risikoreich und nicht für vorsichtige Börsenneulinge geeignet.
Wer bereits Börsenerfahrung mitbringt und ein solides Basisportfolio vorweisen kann, für den bietet ein zusätzlicher Rohstoff-ETF eine Möglichkeit zur weiteren Risikostreuung.
Gold ist aufgrund seiner Beliebtheit extra hervorzuheben: Wer in Gold investieren möchte, tut das am besten mit einem ETC und mit maximal 10 Prozent des Gesamtvermögens.
Gold ist keine sichere Geldanlage. Das glänzende Metall wirft keine laufenden Erträge ab.

Bei Gold funktioniert das in Form von sogenannten ETC. Dieses Kürzel steht für Exchange Traded Commodities, also für börsengehandelte Rohstoffe. Das ist so ähnlich wie ein ETF, allerdings mit einem wichtigen Unterschied: ETC-Käufer und -Käuferinnen werden nicht zu Miteigentümern, sondern rechtlich gesehen nur Gläubiger des ETC-Herausgebers. Damit ist das verwahrte Gold kein Sondervermögen so wie bei Aktien, das im Falle einer Insolvenz nicht angerührt wird. Wenn der ETC-Herausgeber also pleitegeht, kann es Probleme geben. (Geeignete Gold-ETC finden Sie auf S. 156.)

Die gute Nachricht: Dieses Risiko ist äußerst gering. Anbieter wie Deutsche Bank Commodities (Xetra-Gold) oder Börse Stuttgart Securities (Euwax Gold II) investieren 100 Prozent des Anlegervermögens in Goldbarren. Sie liegen in Tresoren von Großbanken. Damit bieten Gold-ETC selbst im Pleitefall mehr Sicherheit, als das bei herkömmlichen Schuldverschreibungen üblich ist.

Sollten es sich Anlegende dann mal anders überlegen, besteht bei den genannten ETC die Möglichkeit, sich das Gold als Barren liefern zu lassen. Dafür wird eine Gebühr fällig. Bei Xetra-Gold ist die Auslieferung jedoch nur an Banken und nicht direkt mit Kurierdiensten möglich. Man sollte daher vorher bei der Depotbank nachfragen, ob diese als Lieferpartner zur Verfügung steht, denn dies ist nicht bei allen Instituten der Fall. Bei Euwax Gold II ist eine Kurierlieferung an den Depotbesitzer möglich.

Zusammengefasst: Gold ist eine spekulative Anlage (Kursschwankungen). Es wirft keine Zinsen und Dividenden ab. Je attraktiver der Zinsmarkt wird, desto unattraktiver das zinslose Gold. Zudem fallen für die Lagerung Kosten an. Dennoch halten wir Gold-Investments mit einem Anteil von 5 bis 10 Prozent am Gesamtvermögen für akzeptabel, auch für Vorsichtige. Denn Gold hat langfristig einen äußerst attraktiven Diversifikationseffekt. Wer einen bestimmten Goldanteil im Wertpapierdepot haben möchte, greift am besten zu ETC beziehungsweise einem ETC-Sparplan.

Checkliste

Pro und Contra Goldanlage

Die Contra-Argumente überwiegen.

Pro Goldanlage:

- ☐ **Krisenwährung.** Gold hat zahlreiche Kriege und Währungsreformen überstanden. Anders als Papiergeld kann es nicht beliebig vermehrt werden und wird als Anlage weltweit geschätzt.
- ☐ **Diversifikation.** Der Goldpreis entwickelt sich relativ unabhängig von anderen Anlageklassen. Dadurch kann Gold das Gesamtrisiko eines Portfolios senken und stabilisierend wirken.

Contra Goldanlage:

- ☐ **Teurer Ankauf bei kleinen Mengen.** Der Ankaufspreis physischen Goldes wird umso teurer, je kleiner die Menge. Dann verlangen Händler größere Aufschläge.
- ☐ **Keine laufenden Erträge.** Gold wirft weder Zinsen noch Dividenden ab. Das ist ein klarer Nachteil gegenüber Zinsanlagen oder Aktien. Vor allem dann, wenn das allgemeine Zinsniveau steigt. Eine Rendite erwirtschaften Sie einzig und alleine mit Kursgewinnen – doch selbst diese müssen erst einmal die Kosten decken.
- ☐ **Teure Aufbewahrung.** Gold verwahren Sie am besten in einem Bankschließfach. Das kostet Geld. Selbst bei Investitionen in einen Gold-ETC fallen dafür jährliche Verwahrentgelte an. Und sollten Sie Goldbarren bei sich zu Hause aufbewahren, gilt es das Edelmetall zu versichern. Einige Hausratspolicen sichern Gold gegen Diebstahl ab.
- ☐ **Große Schwankungen.** Der Goldpreis unterliegt regelmäßig heftigen Kursschwankungen. Das hat zuletzt die Covid-19-Pandemie unter Beweis gestellt.
- ☐ **Währungsrisiko.** Wie auch andere wichtige Rohstoffe wird Gold in US-Dollar gehandelt. Das heißt, Sie müssen neben der Entwicklung des Goldpreises auch den Wechselkurs von Euro in Dollar berücksichtigen. Wird der Dollar abgewertet, ist das nachteilig für Euro-Investorinnen.

Immobilien

Immobilien als Kapitalanlage sind gefragt – sei es für den Vermögensaufbau oder die Altersvorsorge. Aber auch ein Immobilienkauf will gut überlegt sein.

Als Eigenheim, zur Miete oder Geldanlage – der Traum von den vier Wänden kann ganz unterschiedliche Formen annehmen. Die Vorteile von „Betongold" sind grundsätzlich schnell genannt: Das sind die Wertbeständigkeit, potenzielle Mieteinnahmen und mietfreies Wohnen im Ruhestand.

Dass viele Menschen bei Immobilien an die ideale Kapitalanlage denken, hängt auch mit der Preisentwicklung der vergangenen Jahre zusammen. Die Preise für selbst genutzte Ein- und Zweifamilienhäuser sowie Eigentumswohnungen haben sich in einigen Teilen Deutschlands zwischen 2010 und 2022 ungefähr verdoppelt. Das bedeutet ganz konkret: Ein Haus, das im Jahr 2010 rund 250 000 Euro gekostet hat, kostet heute 500 000 Euro.

Zwar verzeichnete der Immobilienpreisindex des Verbands deutscher Pfandbriefbanken (vdp-Index) im dritten Quartal 2022 mit minus 1,0 Prozent den ersten Rückgang nach elf Jahren. Grund dafür waren die sich verschlechternden politischen und wirtschaftlichen Rahmenbedingungen. Verglichen mit dem dritten Quartal 2021 notierte der vpd-Index aber immer noch 4,7 Prozent über dem Vorjahreswert.

Die Gründe für diese Preisexplosion sind vielschichtig. Das sind zum einen demografische Faktoren, wie etwa eine wachsende Bevölkerung. Vor allem führen aber wirtschaftliche Faktoren wie ein knappes Angebot an Immobilien in Ballungszentren sowie niedrige Zinsen zu derartig steigenden Preisen.

Es besteht die Gefahr, dass sich Kreditnehmer ohne Zinsbindung ihre Kreditraten nicht mehr leisten können.

Die historisch niedrigen Zinsen der vergangenen Jahre haben Investitionen in den Immobiliensektor deutlich vereinfacht und damit die Nachfrage immer weiter angekurbelt. Investoren haben die drastischen Preissteigerungen mit günstigen Krediten ausgeglichen.

Mittlerweile hat die EZB ihren Leitzins wieder angehoben, und Kreditfinanzierer geben ihre höheren Kosten nun an Häuslebauer und -bauerinnen weiter. Das verursacht nicht zu vernachlässigende Mehrkos-

Seit 2011 stiegen die Preise stark an

Sowohl für das Bundesgebiet als auch für die beispielhaft ausgewählten Städte Berlin und München gibt es einen klaren Trend: Seit 2011 stiegen die Preise für Wohnimmobilien stark und stetig an – in Ballungsräumen wie der Bundes- und der bayerischen Landeshauptstadt noch stärker als bundesweit.

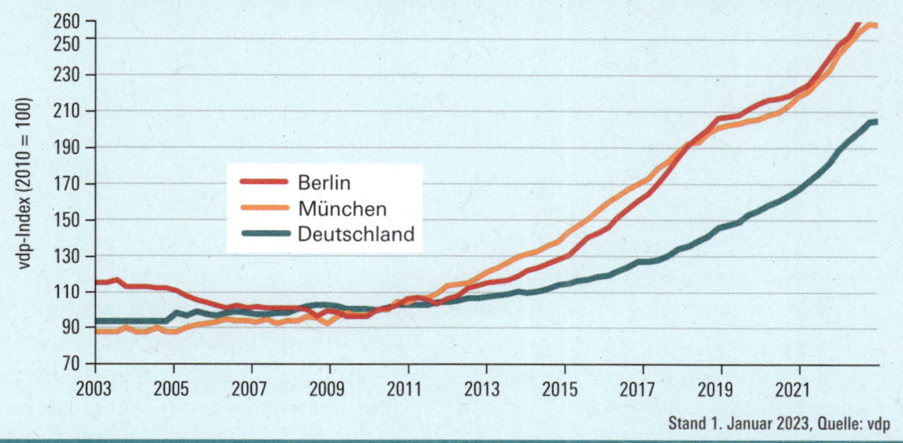

ten. Hier besteht die akute Gefahr, dass sich Kreditnehmer ohne feste Zinsbindung ihre Kreditraten nicht mehr leisten können.

→ Wovon Bauzinsen abhängen

Die schnelle Antwort: von den Zinsen für langfristige Anleihen am Kapitalmarkt, genau gesagt von den sogenannten Pfandbriefzinsen. Die Banken geben Pfandbriefe aus, erhalten dafür Anlegergelder und refinanzieren damit Immobilienkredite. Sie verleihen das frisch eingenommene Kapital also an ihre Kreditnehmer. Die Bank muss ihren Anlegern Zinsen bezahlen. Steigen die Pfandbriefzinsen, holt sich die Bank diese Mehrkosten von ihren Kreditnehmern in Form von höheren Bauzinsen zurück. Der Pfandbriefzins selbst orientiert sich üblicherweise am Zinskupon der Bundesanleihe.

Das zeigt: Der Immobiliensektor birgt auch erhebliche Risiken. Wenn die Zinsen steigen, Kredite für Häuslebauer und -käuferinnen nicht mehr so günstig sind und andere Anlageformen wieder attraktiver werden, kann die Nachfrage nach Häusern und Wohnungen sinken. Es liegt nahe, dass dann die Preise unter Druck kommen.

Zudem sind Immobilien eine äußerst illiquide Anlageklasse. Sollte es zu einem Preisverfall am Immobilienmarkt kommen, lassen sich die Objekte nur sehr schwer und mit großen Verlusten wieder veräußern. Schnell mal verkaufen geht häufig nur mit empfindlichen Preisabschlägen. Und selbst dann kann es Wochen und Monate dauern, bis das Geld auf dem Konto ist.

Immobilieninvestitionen schützen das Vermögen also nicht vor Verlusten. Darüber hinaus geht die Verwaltung einer Immobilie mit deutlich mehr Aufwand einher als zum Beispiel die Pflege eines Wertpapierdepots.

Das Eigenheim

Der Wunsch nach den eigenen vier Wänden wächst: 72 Prozent aller Mieterinnen und Mieter in Deutschland wünschten sich im Jahr 2021, eine eigene Immobilie zu besitzen. 2019 waren es noch 66 Prozent. Aus Sicht der Vermögensbildung handelt es sich bei selbst genutzten Immobilien um einen Spezialfall. Zwar stellt für viele der Kauf einer Immobilie die größte Investition ihres Lebens dar. Doch das eigene Zuhause ist nicht einfach nur Geldanlage. Wer vorhat, sich Wohneigentum in einer bestimmten Region anzuschaffen, um darin selbst zu wohnen, für den ist das Thema Rendite womöglich zweitrangig.

Doch auch das Eigenheim wirft Erträge ab. Das sind zum einen nicht aufgewandte Mietausgaben. Vor allem junge Menschen mit dem nötigen Eigenkapital können sich so langfristig viel Geld sparen. Ist die Immobilie erst einmal abbezahlt, wohnen sie sehr günstig. Zum anderen können Eigentümerinnen ihr Objekt wieder verkaufen, sollten sie dieses nur eine bestimmte Zeit lang selbst bewohnen wollen. In diesem Fall ist die Differenz zwischen Kauf- und Verkaufspreis ein ausschlaggebender Faktor.

Auf Eigenheimbewohner kommen aber auch nicht zu vernachlässigende Kosten zu, welche die Rendite schmälern. Beim Kauf sind das abgesehen vom eigentlichen Kaufpreis vor allem die Nebenkosten. Dazu zählen Notar-/Grundbuchkosten, die Grunderwerbssteuer und eventuell eine Maklerprovision. Je nach Bundesland können die Nebenkosten 9 bis 12 Prozent des Kaufpreises ausmachen. Und dann wären da noch die laufenden Kosten, etwa Rücklagen für Reparaturen und Instandhaltung, Versicherungen und natürlich die Kreditraten.

Ein guter Indikator für angemessene Kaufpreise ist das Kaufpreis-Miete-Verhältnis. In vielen Städten kosten Eigentumswohnungen mehr als 30 und mitunter sogar mehr als 40 Jahresmieten. Bei so einem hohen Kaufpreis-Miete-Verhältnis sind die eigenen vier Wände kaum noch zu finanzieren, sprich: keine gute Investition.

Das offensichtliche Problem an der Sache: Niemand kann mit Gewissheit sagen, welche Standorte sich im Laufe der Anlagezeit positiv entwickeln werden. Genauso gibt es keine Garantie dafür, dass heute beliebte Gegenden das auch künftig bleiben.

Aber noch einmal: Wer nicht vorhat, sein Eigenheim später einmal zu verkaufen, für den ist das Thema Rendite womöglich irrelevant. Wer sich in Zukunft aber als Verkäufer sieht, muss die genannten Aufwendungen berücksichtigen. Bei ausreichend hohen Wertsteigerungen können sich die Investitionskosten durchaus lohnen.

Vorsicht vor falschen Versprechen

Kreditinstitute stellen die Renditechancen von Immobilieninvestitionen oftmals attraktiver dar, als sie in Wahrheit sind. Das ist wenig verwunderlich, verdienen Banken und andere Baufinanzierer mit Immobilienkrediten schließlich Geld. Versuchen Sie sich daher mit unseren Tipps selbst ein möglichst realistisches Ertragsszenario zu erstellen. Wie es letztlich kommen wird, bleibt immer mit Risiken behaftet.

Noch riskanter wird es angesichts des hohen Preisniveaus und der wieder steigenden Zinsen. Daher müssen Kaufinteressenten stärker denn je auf eine robuste Finanzierung achten. Die Voraussetzung für einen Kauf sind ein solider Grundstock an Eigenkapital und ein ausreichend hohes Einkommen, um die gestiegene Kreditbelastung langfristig tragen zu können.

Wir empfehlen, dass Ihr Erspartes alle Nebenkosten und zusätzlich mindestens 10 bis 20 Prozent des Kaufpreises abdeckt. Je geringer das Eigenkapital, desto höher der Zinssatz, den Banken für ihre Kredite verlangen. Wer mehr als 90 Prozent des Kaufpreises auf Pump finanziert, zahlt bei vielen Instituten einen um 0,5 bis über 1 Prozentpunkt höheren Zinssatz als für eine 80-Prozent-Finanzierung. Außerdem wird dann eine sehr viel höhere Monatsrate fällig.

Zusammengefasst: Selbst genutzte Immobilien sind nicht einfach nur eine Geldanlage. Daher stehen Renditechancen bei ihrer Anschaffung zumeist nicht im Vordergrund. Doch angesichts der stark gestiegenen Kaufpreise und der ebenfalls steigenden Zinsen birgt Wohneigentum große finanzielle Risiken. Wer Wohneigentum besitzen möchte, muss das nötige Eigenkapital mitbringen und die Kreditraten auch langfristig bedienen können. Sonst ist Miete die finanziell bessere Wahl.

Vermietete Immobilien

Immobilien, die Käufer nicht selbst bewohnen, sondern vermieten, sind eine klassische Form der Kapitalanlage. Der Kauf einer vermieteten oder zu vermietenden Eigentumswohnung kann eine sinnvolle Form der Altersvorsorge sein. Doch wann lohnt sich die Investition?

Grundsätzlich rentiert sich der Kauf selbst der schönsten Wohnung nur dann, wenn der Kaufpreis in einem vernünftigen Verhältnis zur erzielten oder erzielbaren Miete steht. Die anfängliche Mietrendite gibt an, wie viel Prozent der Investitionskosten über die Jahresmiete wieder zurückfließen. Nur den nackten Kaufpreis und die Mieten zu betrachten ist zu wenig. Schließlich können die Nebenkosten 9 bis 12 Prozent des Kaufpreises betragen. Wer sie außen vor lässt, rechnet sich den Kauf schön. Die schlechte Nachricht: Rentable Wohnungen sind aktuell nur schwer zu finden. Selbst in günstigeren Fällen müssen sich Käuferinnen mit weit weniger Ertrag zufriedengeben als früher. Waren vor zehn Jahren noch langfristig Renditen um 5 Prozent nach Steuern möglich, konnten sie zuletzt froh sein, wenn sie die 3 Prozent schaffen.

Nettomietrenditen samt Nebenkosten von 3 und mehr Prozent sind noch im grünen Bereich. Bei weniger als 2 Prozent müssen die Käufer auf hohe Wert- und Mietstei-

Checkliste

Fünf Tipps für die Finanzierung

Die Preise für Wohneigentum verharren auf einem hohen Niveau. Nach dem jüngsten Zinsanstieg müssen Sie jetzt erst recht auf eine solide Finanzierung achten.

- ☐ **Ausreichend Eigenkapital einplanen:** Aus eigenen Mitteln sollten Sie sämtliche Nebenkosten und mindestens 10 bis 20 Prozent des Kaufpreises abdecken können. Setzen Sie Ihr verfügbares Eigenkapital bis auf eine Sicherheitsreserve von zum Beispiel drei Monatsgehältern zur Finanzierung ein.
- ☐ **Lange Zinsbindung vereinbaren:** Vor weiteren Zinserhöhungen schützt nur eine lange Zinsbindung. Wenn Sie sich nicht mehr als 3 Prozent anfängliche Tilgung im Jahr für Ihren Kredit leisten können, sollten Sie feste Zinsen für mindestens 15 oder 20 Jahre vereinbaren.
- ☐ **Nicht bei der Tilgung sparen:** Mindestens 2 Prozent Anfangstilgung sind nötig, damit Sie nicht länger als 30 Jahre brauchen, um Ihren Kredit abzuzahlen. Hüten Sie sich davor,1 Prozent Tilgung mit einer kurzen Zinsbindung von 5 oder 10 Jahren zu kombinieren. Dann ist die Restschuld am Ende hoch. Ist das Zinsniveau gestiegen, wenn der Anschlusskredit ansteht, kann das die Finanzierung schnell gefährden.
- ☐ **Wahlrechte sichern:** Falls sich Ihr Einkommen oder Vermögen nach einiger Zeit ändert, helfen Tilgungswahlrechte dabei, Ihre Finanzierung anzupassen. Das Recht auf jährliche Sondertilgungen bis zu 5 Prozent der Kreditsumme bieten viele Banken ohne Aufschlag. Besonders flexibel sind Sie, wenn Sie den Tilgungssatz während der Zinsbindung erhöhen oder senken dürfen. Die meisten Banken bieten das an.
- ☐ **Angebote vergleichen:** Holen Sie mehrere Kreditangebote ein. Mit einem Zinsvorteil von wenigen Zehntel Prozentpunkten sparen Sie während der Laufzeit schnell einen fünfstelligen Betrag. Eine stets aktuelle Übersicht über die Angebote finden Sie unter test.de/hypothekenzinsen.

gerungen hoffen. Das ist nach der fulminanten Preisentwicklung der vergangenen Jahre alles andere als sicher.

Die errechnete Nettomietrendite taugt auch als Entscheidungshilfe, wenn mehrere vergleichbare Wohnungen mit ähnlicher Lage, Größe und Ausstattung zur Auswahl für eine Investition stehen.

Zudem brauchen Vermieter einen ausreichend großen finanziellen Puffer. Denn ihre finanzierende Bank bucht jeden Monat die Kreditraten ab. Auf feste Einnahmen ist aber kein Verlass. Die Wohnung kann zum Beispiel leer stehen, oder Mieter zahlen keine oder nur eine geminderte Miete. Dafür laufen unter Umständen die Kosten aus dem Ruder, weil neue Fenster, neue Fußböden, das Beseitigen von Schimmel oder andere Schäden zu bezahlen sind. Auch das Finanzamt kann einen Strich durch die schönsten Kalkulationen machen, wenn es angesetzte Beträge nicht anerkennt.

→ Einen Investitionsplan erstellen

Ob eine Wohnung sich langfristig rechnet und finanzierbar ist, enthüllt ein Investitionsplan über mindestens 15 bis 20 Jahre. Darin tragen Sie Jahr für Jahr alle voraussichtlichen Ausgaben und Einnahmen ein: Es ergibt sich tabellarisch, ob und in welchem Jahr das Vermieten voraussichtlich Überschüsse abwirft und wann es ein Zuschussgeschäft ist. Einfach ist das nicht. Sie müssen Annahmen darüber treffen, wie sich Mieten, Kosten, Immobilienpreise und Kreditzinsen in den kommenden Jahren und Jahrzehnten entwickeln. Dabei hilft Ihnen der Renditerechner der Stiftung Warentest (test.de/kaufen_oder_mieten).

Mieten nicht unbegrenzt erhöhbar

Was Vermieter beim Thema Mietrendite ebenfalls beachten müssen: Sie können ihre Mieten nicht ohne Weiteres erhöhen. In angespannten Wohnungsmärkten hat die Politik hierfür Grenzen eingezogen. Die Bundesländer haben per Verordnung festgelegt, in welchen Städten zumindest bis 2025 eine Mietpreisbremse gilt. Wird dort eine Wohnung wieder vermietet, darf die Miete höchstens 10 Prozent über der ortsüblichen Vergleichsmiete liegen.

Die Mietpreisbremse sieht allerdings zahlreiche Ausnahmen vor, etwa bei Neubauten und Wohnungen nach „umfassender" Modernisierung. Besonders beliebt sind hierfür energetische Sanierungsmaßnahmen, da diese auch noch vom Staat gefördert werden. Wer also seine Immobilie so staatlich gefördert saniert, darf im Anschluss daran die Mieten hochschrauben. Bei bestehenden Mietverhältnissen greift außerdem eine Kappungsgrenze. Demnach darf die Miete innerhalb von drei Jahren höchstens um 20 Prozent steigen. Die Bun-

Checkliste

Worauf Sie vor dem Kauf achten sollten

Vor dem Kauf einer Immobilie zum Vermieten sollten Interessenten auf grundlegende Gebäudemerkmale achten. Nur so können Sie deren Gesamtzustand adäquat beurteilen und die Wohnung erfolgreich vermieten.

- ☐ **Allgemeine Daten:** Adresse, Baujahr, Anzahl der Etagen
- ☐ **Grunddaten des konkreten Objekts:** In welcher Etage liegt die Wohnung? Gibt es einen Aufzug? Wohnfläche? Zimmeranzahl? Keller vorhanden und trocken? Gibt es einen Balkon oder Gartenanteil? Gehört ein Stellplatz zur Wohnung, welche Parkmöglichkeiten gibt es?
- ☐ **Zustand der Immobilie:** Wie ist der Zustand des Mauerwerks und des Daches? Besitzt das Haus eine Wärmedämmung?
- ☐ **Energieeffizienz:** Prüfen Sie, ob das Objekt den energetischen Anforderungen laut Gebäudeenergiegesetz (GEG) entspricht. Nachträgliche Aufrüstungen können sehr hohe Kosten verursachen.
- ☐ **Ausstattung:** Wie alt und in welchem Zustand sind die Fenster, die Heizung und die Sanitäranlagen? Wie steht es mit der Elektrik sowie den Wasser- und Heizungsleistungen? In welchem Zustand ist der Bodenbelag? Wird eine Einbauküche mitverkauft?
- ☐ **Räume:** Wie ist die Raumaufteilung? Wie die Besonnung?
- ☐ **Lage:** Wie ist der Ausblick? Gibt es Lärm- oder Geruchsbelästigung, etwa durch eine stark befahrene Straße oder durch Industriebetriebe? Ist die Wohnung verkehrsmäßig gut angebunden? Liegen Schulen, Kitas, Arztpraxen in der Nähe?
- ☐ **Etwaige Mietverträge:** Prüfen Sie die Höhe bestehender Mietverträge. Wann gab es die letzte Mietpreiserhöhung? Zahlen die Mieterinnen und Mieter zuverlässig?
- ☐ **Sonstiges:** Gibt es sonstige Plus- oder Minuspunkte, die förderlich oder hinderlich für eine Vermietung sind?

desländer können zudem die Kappungsgrenze für fünf Jahre auf 15 Prozent senken, wenn es in einem Gebiet an Wohnungen mangelt. Viele haben das getan.

Kritiker von Mietpreisbremsen und Mietendeckel argumentieren, dass diese die Kalkulationen von Vermietern beim Kauf ihrer Wohnungen durchkreuzen. Sie würden Immobilien als Anlage unrentabel machen und den Wohnraummangel mitverantworten. Befürworter verweisen an dieser Stelle auf die anhaltend hohe Investorennachfrage trotz der angeblichen Unrentabilität. Sie sehen in einer effektiven Mietpreisbremse ein wichtiges Instrument dafür, dass angesagte Wohnviertel nicht von Investoren aufgekauft und ausschließlich von Menschen mit hohen Einkommen bewohnt werden. Menschen mit geringeren Einkommen, die überwiegende Mehrheit der Bevölkerung, werden ohne die staatlichen Eingriffe verdrängt.

Diskussion um Indexmieten

Besonders aktuell ist in diesem Zusammenhang die Diskussion rund um Indexmieten. Immer mehr Neuverträge werden mit an die Inflation gekoppelt. Das zeigen Daten des Deutschen Mieterbundes. Lange Zeit hatten Indexmieten aus Sicht der Mieter im Vergleich zur Staffelmiete durchaus Vorteile: Die Inflation lag viele Jahre klar unter dem Kaufkraftzuwachs. Seitdem sich die Inflationsraten allerdings jenseits der 2 Prozent bewegen, sieht das für Mieter deutlich schlechter aus als bei einem normalen Mietvertrag. Indexmieten werden für sie zu einer starken Mehrbelastung.

Für Vermieterinnen haben Indexmieten in Zeiten hoher Teuerungsraten klarerweise einen gewichtigen Vorteil: Sie dürfen die Miete Jahr für Jahr anpassen – und zwar ganz ohne Zustimmung ihrer Mieter. Einzig in Städten, in denen es eine Mietpreisbremse gibt, können Mieter eine Mietsenkung durchsetzen. Die Politik ist in der Frage wie so häufig gespalten. Ob die Kritik an Indexmieten zu einem Verbot führen könnte, lässt sich zum jetzigen Zeitpunkt nicht beantworten.

Zusammengefasst: Abhängig von Region und Objekt lässt sich mit Mietwohnungen mitunter eine attraktive Rendite erzielen – wenn auch nicht mehr im selben Maß wie vor zehn Jahren. Mehr als 1 bis 2 Prozent Mietsteigerung pro Jahr sollten Ihre Kalkulationen nicht vorsehen. Die Anschaffung von Wohneigentum mit der Absicht, Mieteinnahmen zu generieren, eignet sich nur für Vermögende. Die Anschaffungskosten sind hoch, die Risiken vielfältig. Wer nicht über ausreichend finanzielle Mittel verfügt, geht ein enormes Klumpenrisiko ein. Das eingesetzte Kapital ist dann zu einem gewichtigen Teil von der Entwicklung eines einzigen Vermögenswertes abhängig – das Gegenteil von Risikostreuung. Zudem sollten Sie bereit sein, viel Zeit und Arbeit in die Auswahl und die Verwaltung des Objekts zu stecken.

Zertifikate

Zertifikate sind oft schwer zu durchschauen. Meist stecken darin komplexe Wetten auf Aktien-, Index- oder Zinsentwicklungen. Falsche Versprechen täuschen Sicherheit vor.

Nach der Pleite der Investmentbank Lehman Brothers im Jahr 2008 hatten Zertifikate einen schweren Stand. Komplexe Finanzprodukte waren ein Auslöser der globalen Finanzkrise gewesen. Das waren genau genommen zwar keine Zertifikate. Doch diese beinhalten derivative Komponenten, die viele Anleger mit den Übertreibungen an der Wall Street in Verbindung brachten. Inzwischen sind viele Jahre vergangen und Zertifikate bei vielen Banken wieder Verkaufsschlager. Dabei kommen wenige Kundinnen und Kunden von sich aus auf die Idee, ein Zertifikat zu erwerben. Die Produkte werden ihnen von Bank- und Anlageberaterinnen und -beratern angeboten. Das ist wenig verwunderlich, winken ihnen doch lukrative Provisionen.

Was ist überhaupt ein Zertifikat? Zertifikate sind oft komplexe Finanzinstrumente. Rechtlich gesehen handelt es sich um eine Schuldverschreibung. Wie sich der Wert dieser Schuldverschreibung entwickelt, hängt wiederum von der Wertentwicklung eines Basiswerts ab. Basiswerte können Aktien eines Unternehmens sein, aber auch Indizes, Rohstoffe, Währungen und Zinsen. Das Zertifikat bietet sozusagen lediglich eine Hülle, die mit allen möglichen „Zahlungsversprechen" gefüllt werden kann. Im Gegensatz zu Aktionären erwerben Sie mit einem Zertifikat keine Eigentumsrechte an einem Unternehmen.

Außerdem können die Herausgeber des Zertifikats sämtliche Eigenschaften frei ausgestalten, angefangen von der Laufzeit bis hin zu Zins- oder Rückzahlkonditionen. Wie ein Zertifikat im Einzelfall funktioniert, ist zumeist nur sehr schwer nachvollziehbar, selbst für Profis. Die seit 2012 verpflichtenden Informationsblätter sind für Laien nur schwer zu verstehen.

Wieso das alles? Wie überall an der Börse steckt auch hinter komplexen Zertifikaten die simple Weisheit: Je höher das Risiko, desto höher die Renditechance. Sehr erfahrene Anlegerinnen und Anleger können mit den Produkthüllen maßgeschneiderte Wetten eingehen. Das ermöglicht, Renditen über dem üblichen Marktzins zu erzielen. Darüber hinaus bieten Zertifikate einige wenige weitere Vorteile.

- **Zertifikate ermöglichen erfahrenen Investoren,** gezielte und teilweise äußerst komplexe Anlagestrategien in einem einzigen Produkt abzubilden.

- **Zertifikate eröffnen Zugang** zu Anlageklassen und Strategien, in die man sonst nicht leicht investieren kann.
- **Schon ab geringen Beiträgen** sind Investitionen möglich.

Diese Zertifikat-Typen gibt es

Es gibt nicht nur eine Art von Zertifikat, sondern zahlreiche unterschiedliche Varianten. Als Börsenneuling sollten Sie die bekanntesten Spielarten kennen. Nur so wissen Sie direkt Bescheid, was Ihnen eine Beraterin, ein Berater in Wahrheit verkaufen möchte, wenn er oder sie ein Produkt als eierlegende Wollmilchsau präsentiert.

- **Indexzertifikate:** Sie sind die einfachste Produktvariante. Diese Zertifikate zeichnen Börsenindizes wie den Dax nach und haben große Ähnlichkeit mit ETF. Es gibt aber einen entscheidenden Unterschied: Bei ETF handelt es sich um Sondervermögen, das im Pleitefall geschützt ist. Besitzer eines Indexzertifikats verlieren in diesem Fall ihr Geld. ETF sind Indexzertifikaten deshalb in jedem Fall vorzuziehen.
- **Zinszertifikate:** Wenn Sie ein wenig mehr Rendite erzielen, aber kein weiteres Konto eröffnen wollen, sind Zinszertifikate als Notlösung akzeptabel. Eine beliebte Produktvariante lockt Anleger mit jährlich steigenden Zinsen (Stufenzins), zum Beispiel von 0,25 Prozent im ersten auf 2 Prozent im achten Laufzeitjahr. Im Gegensatz zu herkömmlichen Festzinsangeboten fallen bei Zertifikaten allerdings Kauf- und Depotkosten an. Das schmälert den Ertrag.
- **Aktienanleihen:** Die Renditechancen von Aktien kombiniert mit der Sicherheit von Anleihen – das wäre der Traum jedes Anlegers. Sogenannte Aktienanleihen können ihn nicht erfüllen. Während der Laufzeit erhalten Anleger Zinsen. Am Laufzeitende erhalten sie entweder den Nennbetrag der Anleihe oder

Steckbrief Sicherheit

Zertifikate sind weder für Vorsichtige noch sonstige Normalanleger geeignet – ihre Renditen sind an zig Bedingungen geknüpft. Einzige Ausnahme sind eventuell Zinszertifikate. Dann aber müssen die Konditionen stimmen. Die vorgeschriebenen Informationsblätter helfen wenig, weil sie unverständlich und kaum nachvollziehbar sind. Lassen Sie daher besser die Finger von Zertifikaten – auch wenn Ihnen Bank- und Anlageberater etwas von „gut kalkulierbar" oder „für jede Risikoneigung" erzählen. Berater erhalten auch für den Verkauf von Zertifikaten Provisionen – und das nicht zu knapp. Vorsicht: Mitunter versuchen sie Zertifikate als Anleihe getarnt zu verkaufen.

DIE SECHS NACHTEILE VON ZERTIFIKATEN

1 Es besteht ein Totalverlustrisiko, wenn der Zertifikate-Herausgeber pleitegeht.

2 Oft mit begrenzter Laufzeit, das gewünschte Marktszenario muss also rechtzeitig eintreten. Das Aussitzen von Verlusten ist dann nicht möglich.

3 Der Rückzahlungsbetrag kann von mehreren Faktoren und der Wertentwicklung der Märkte auch während der Laufzeit abhängen.

4 Die Wertentwicklung während der Laufzeit kann für Laien schwer nachvollziehbar sein: Sie ist oft abhängig von vielen unterschiedlichen Parametern, wie zum Beispiel der Volatilität.

5 Das Rendite-Risiko-Profil ist schwer einzuschätzen.

6 Die Produktinformationen zu Kosten und Funktionsweise sind kaum verständlich.

aber Aktien des Unternehmens, auf die sich die Anleihe bezieht. Was davon, ist abhängig von der Kursentwicklung des Basiswertes. Notiert dieser am Ende unterhalb einer festgelegten Kursschwelle, erhalten Anleger die Aktien. Das kann einen hohen Verlust bedeuten.

- **Expresszertifikate:** Hier gehen Anlegerinnen eine Wette auf einen Aktienindex ein. Unterschreitet der Index eine bestimmte Kursschwelle nicht, wird das Zertifikat nach einem Jahr fällig und sie erhalten eine Zinsgutschrift. Für den überschaubaren Zinsvorteil riskieren sie hohe Verluste.
- **Garantiezertifikate:** Garantiezertifikate sind Schuldverschreibungen, deren Herausgeber am Laufzeitende die Rückzahlung eines Mindestbetrags zusichern. Mindestbetrag bedeutet, dass 100, 90 oder 80 Prozent des eingesetzten Kapitals abgesichert werden. Darüber hinaus setzen Anleger mit diesem Zertifikat auf die Entwicklung eines Basiswerts, in der Regel ein Aktienindex. Gewinne können gedeckelt sein oder nur einen Bruchteil des Gewinns des Basiswertes ausmachen. Darüber hinaus erhalten sie keine Dividenden.
- **Discountzertifikate:** Sie beziehen sich auf einen Basiswert, zum Beispiel Aktien, Aktienindizes oder Rohstoffe. Discount bedeutet, dass der Preis des Zertifikats geringer ist als der Preis des Basiswerts. Dafür sind die Kurschancen nach

oben gedeckelt. Der sogenannte Cap ist der Höchstbetrag, der am Laufzeitende ausbezahlt wird. Das Verlustrisiko ist nicht ganz so hoch wie beim Basiswert.

- **Bonuszertifikate:** Auch sie beziehen sich meist auf Aktien oder Indizes, sind aber noch komplexer als Discountzertifikate. Anlegerinnen und Anleger müssen eine untere Kursbarriere im Auge behalten. Wird diese während der Laufzeit nur ein einziges Mal gerissen, verlieren sie den Bonus. Das Zertifikat folgt dann dem Kursverlauf des Basiswerts – ohne Dividenden. Bleibt der Basiswert oberhalb der Barriere, wird mindestens der Bonusbetrag bezahlt.
- **Faktorzertifikate:** Sie zählen zu den hochspekulativen Hebelprodukten. Anleger können, wenn sich der Basiswert in ihrem Sinne entwickelt, mit geringem Geldeinsatz hohe Gewinne erzielen. Umgekehrt sind extreme Verluste möglich. Faktorzertifikate haben einen festen Hebel und eignen sich keinesfalls für eine längerfristige Anlage.
- **Knock-out- und Turbozertifikate:** Diese Produkte haben ebenfalls eine Hebelwirkung, die sich jedoch ständig mit der Entwicklung des Basiswerts ändert. Wird eine festgelegte Barriere, die Knock-out-Schwelle, durchbrochen, erlischt das Zertifikat.

Versicherungsförmige Anlageprodukte

Kapitalbildende Lebensversicherungen decken nicht nur biometrische Risiken ab. Sie beinhalten auch eine Anlagekomponente. Für die Altersvorsorge sind sie allerdings ungeeignet.

Kapitallebensversicherungen bestehen aus zwei Vertragsbestandteilen: einer Todesfallversicherung zur Absicherung von Angehörigen für den Fall, dass der oder die Versicherte stirbt, und einem Sparplan. Erleben Versicherte den Vertragsablauf, muss die Versicherung eine garantierte Versicherungssumme plus Überschüsse an sie ausbezahlen.

Kapitalbildende Versicherungen dienen in erster Linie dazu, Kapital anzusparen, das später mit Zinseszins an die Versicherten zurückgezahlt wird. Eine klassische Risikolebensversicherung dient hingegen allein dazu, Angehörige für den Fall abzusichern, dass die Versicherten sterben.

Das funktioniert so: Kunden und Kundinnen einer Kapitallebensversicherung zahlen monatlich oder jährlich Beiträge an ihre Versicherung. Einen Teil davon zieht der Versicherer als Kosten ab, ein Teil geht in die Absicherung des Todesfallrisikos, und ein Teil wird angespart. Dieser verbleibende Sparanteil wird dabei mindestens mit einem Garantiezins verzinst.

Wichtig: Der Garantiezins bezieht sich nicht auf den gesamten Betrag, sondern allein auf den Sparanteil. Dieser Garantiezins (eigentlich: Höchstrechnungszins) dient der Versicherungswirtschaft gern als Argument für die hohe Sicherheit und Planbarkeit ihrer Policen. Problem Nummer eins: Der Garantiezins ist seit vielen Jahren im Sinkflug. Seit Anfang 2022 darf er maximal 0,25 Prozent betragen.

Problem Nummer zwei: Schon beim Abschluss einer Kapitallebensversicherung fallen hohe Kosten an, etwa Abschluss- und Verwaltungskosten oder Risikokosten. Diese werden nicht gleichmäßig über die gesamte Laufzeit verteilt, sondern mit den ersten Beiträgen verrechnet. Bei einer Laufzeit von 10, 20 oder 30 Jahren werden die Abschlusskosten also auf die gesamte Laufzeit hochgerechnet, aber in den ersten Jahren von den einbezahlten Beiträgen abgerechnet. Das hat zur Folge, dass Kunden in den ersten Jahren nur sehr wenig Kapital ansparen. Sollten sie sich ihre Lebensversicherung vorzeitig auszahlen lassen oder kündigen wollen, liegt die Auszahlungssumme dadurch weit unter dem Betrag, den sie eingezahlt haben. In manchen Fällen kommt auch noch eine Stornierungsgebühr hinzu. Eine angemessene Rendite können Betroffene überhaupt nur erwarten, wenn sie bis zum Vertragsende durchhalten.

Die Produktpalette von kapitalbildenden Lebensversicherungen umfasst wie bei den privaten Rentenversicherungen klassische Varianten mit Garantiezins, fondsgebundene Lebensversicherungen, die „neue Klassik“ mit abgesenkten Garantien sowie Indexpolicen.

Klassische Lebensversicherungen und „neue Klassik“

Bei den klassischen Produkten garantieren die Versicherer eine jährliche Mindestverzinsung des Deckungskapitals und damit eine Mindestauszahlungssumme am Vertragsende. Darüber hinaus beteiligen sie Versicherte an etwaigen Überschüssen.

Da dieses Garantie-Konzept aufgrund der langjährigen Niedrigzinsphase nicht mehr funktioniert hat, haben Versicherer das Neugeschäft mit klassischen Produkten weitgehend eingestellt. Das Altgeschäft wiederum bringt sie massiv unter Druck, da sie frühere Garantien einlösen müssen. Viele versuchen inzwischen gar, bestehende Verträge zu verkaufen..

Eine neue Produktform ist daher die „neue Klassik“. Hier gibt es im Grunde genommen keine Garantieverzinsung mehr. Nicht mehr die Vermehrung des Kapitals mit dem Garantiezins wird garantiert, sondern nur noch der Erhalt der vom Kunden eingezahlten Beiträge – oder sogar weniger. Immer mehr Anbieter der „neuen Klassik" garantieren nur noch den Erhalt von 60, 70 oder 80 Prozent der eingezahlten Beiträge.

Ebenfalls wichtig: Selbst wenn es noch einen garantierten 100-prozentigen Beitragserhalt gäbe,würde das durch die Inflation einen realen Kaufkraftverlust bedeuten. Noch dazu hängt die Auszahlungssumme von der Entwicklung der Kapitalmärkte ab. Kunden können letztlich nicht wissen, was sie am Ende zu erwarten haben – abgesehen von hohen Kosten.

→ Steigende Zinsen: Was folgt daraus bei Versicherungen?

Leider nicht das, was Sie sich vielleicht davon erhoffen: Höhere Zinsen. Während der jahrelangen Zinsflaute mussten Versicherer einen Kapitalpuffer bilden (eine „Zinszusatzreserve"), um die hohen Garantien von Altverträgen abzusichern. Geld, das in den Kapitalpuffer floss, wurde nicht an die Kunden ausgeschüttet. Nun ist es zwar so, dass die steigenden Zinsen diese Kapitalpuffer ausreichend gefüllt haben. Doch jetzt machen sich die Versicherer daran, Bilanzverluste der vergangenen Jahre (sogenannte stille Lasten) auszugleichen. Erst wenn das geschehen ist, werden sie die Überschussbeteiligungen für ihre Kunden erhöhen. Diese Überschussbeteiligung ist Teil der laufenden Verzinsung. Für die meisten Kundinnen und Kunden von klassischen Kapitallebensversicherungen heißt das: Es dürfte noch etwa drei bis fünf Jahre dauern, bis sie mit einem Anstieg der laufenden Verzinsung rechnen dürfen.

Fondsgebundene Lebens- und Rentenversicherung

Sie liegen im Trend: fondsgebundene Lebensversicherungen. Tatsächlich sind die Chancen auf Gewinne hier höher als bei den klassischen Produkten. Dadurch sind sie aber auch deutlich risikoreicher. Der Sparerfolg bei fondsgebundenen Policen ist an die Entwicklungen am Kapitalmarkt gekoppelt. Je nachdem, ob die Märkte bei Vertragsende gerade steigen oder abschmieren, war die Anlage ein Erfolg oder Verlustgeschäft. Bei fondsgebundenen Lebensversicherungen gibt es meist keine Garantien.

Ein weiterer wichtiger Punkt: Interessierte können diese Police nicht einfach kaufen und bis zum Laufzeitende liegen lassen. Sie sollten während der gesamten Laufzeit regelmäßig kontrollieren, ob die anfangs gewählten Fonds so laufen wie erhofft oder ob vielleicht ein Fondswechsel angebracht ist.

Steckbrief Sicherheit

Kapitallebensversicherungen waren lange Zeit eine äußerst beliebte Geldanlage. Altverträge, die Kunden vor vielen Jahren abgeschlossen haben, können wegen der hohen garantierten Zinsen noch attraktiv sein. Bei Neuabschlüssen sieht das jedoch grundlegend anders aus: Kapitallebensversicherungen sind unflexibel, intransparent und vermischen Todesfallschutz mit Sparprodukt. Dazu kommen relativ hohe Kosten. – Bis die Zinswende der EZB für Kundinnen und Kunden wirklich spürbar wird, dürfte es noch einige Jahre dauern. Wir empfehlen daher: Bequeme Anleger wählen eine günstige fondsgebundene Rentenversicherung, die ETF anbietet. Wer ein klein wenig Arbeit nicht scheut, baut sich seinen eigenen Fondssparplan und Auszahlplan am besten selbst. Wie das funktioniert, lesen Sie in „Sparplan und Auszahlplan“, ab S. 113.

Spätestens gegen Ende der Sparphase heißt es aktiv werden und das angesparte Kapital sukzessive aus ertragsstarken, aber risikoreichen Anlagen in sichere Rentenfonds umschichten.

Diese Mechanik fondsgebundener Lebensversicherungen ist identisch mit jener von fondsgebundenen Rentenversicherungen – abgesehen vom Todesfallschutz. Eine Fondsrente ist in der Ansparphase nichts anderes als ein Fondssparplan: Der Versicherer kauft regelmäßig Anteile an Aktien-, Renten-, Mischfonds oder ETF.

Der Hauptunterschied zwischen einer fondsgebundener Rentenversicherung und einem Fondssparplan besteht darin, dass ein Versicherungsmantel um die Fondsanlage herumgebaut wird. Der Versicherer löst das Fondsvermögen zu Beginn der Rentenphase auf und legt das Kapital in sichere Anlagen an. Daraus bezahlt er dann die lebenslange Rente. Bei solchen normalen fondsgebundenen Rentenversicherungen sind ordentliche Renditen in der Rente fast ausgeschlossen.

Ein paar wenige Anbieter haben deshalb fondsgebundene Rentenversicherungen am Markt, die eine Fondskomponente nicht nur in der Sparphase, sondern auch in der Rentenphase erlauben. Bei ihnen ist die Höhe der garantierten Rente geringer und ein größerer Teil als üblich vom Erfolg der Aktienmärkte abhängig. Damit wird die Rente zwar weniger planbar, dafür aber chancenreicher.

Der Nachteil gegenüber Fondssparplänen: Das Fondsangebot ist bei Fondspolicen stark eingeschränkt. Die wenigsten Anbieter überlassen es den Kunden, welche Fonds sie in der Rentenphase halten wollen. Wer

Checkliste

Option Fondspolice

- ☐ **Chance und Risiko.** Es gibt private Rentenversicherungen auch als fondsgebundene Angebote, kurz: Fondspolicen. Hier werden Teile der Beiträge der Kunden in Fonds investiert. Wie viel sie später ausgezahlt bekommen, hängt also auch von der Entwicklung der Fonds ab: Kursgewinne führen zum höheren, Kursverluste zum niedrigeren Auszahlbetrag. Bei fondsgebundenen Lebensversicherungen sollten Sie regelmäßig kontrollieren, wie die Fonds im Vertrag laufen.
- ☐ **Fonds wechseln.** Laufen sie schlecht, haben Sie in der Regel die Möglichkeit, die Fonds zu wechseln. Das ist häufig notwendig.
- ☐ **Auf Kosten achten.** Es gibt bei jeder fondsgebundenen Lebensversicherung das Risiko von Kursverlusten und schlecht laufenden Verträgen. Die Kosten sind oft zu hoch.

sich seinen Spar- und Auszahlplan ohne Versicherungsmantel selbst mit ETF zusammenstellt, hat hier eine deutlich größere Auswahl.

Ein Vorteil von versicherungsförmigen Konstrukten liegt allerdings in ihrer Besteuerung: Wenn Anleger und Anlegerinnen eines Fondssparplans Anteile ankaufen oder verkaufen, müssen sie auf etwaige Gewinne die Abgeltungssteuer bezahlen, sobald ihr Sparerpauschbetrag überschritten ist. Diese Steuer entfällt beim Fondswechsel innerhalb einer Versicherungspolice. Unter bestimmten Voraussetzungen ist bei den Rentenzahlungen sogar nur der deutlich geringere Ertragsanteil steuerpflichtig.

Aber aufgepasst: Die fondsgebundene Rentenversicherung geht oftmals mit sehr hohen Kosten einher. Diese schmälern die steuerlichen Vorteile. Mittlerweile bieten die meisten Versicherer immerhin an, dass Kunden und Kundinnen in ihren Rentenversicherungen auch ETF besparen können. Das ist erfreulich, sinken dadurch schließlich die Kosten. Eine günstige fondsgebundene Rentenversicherung, die ETF anbietet, kann auf diese Weise ein guter Baustein für die eigene Altersvorsorge sein. Doch auch hier gilt: Noch einmal deutlich günstiger wird es dann, wenn Anleger und Anlegerinnen ihren Fonds- und Auszahlplan ganz einfach selbst nachbauen.

Nachhaltig und sicher

Sie wollen nachhaltig investieren? Gute Idee! Doch aufgepasst: Seien Sie bei grünen Geldanlagen nicht blauäugig. Wir zeigen, wie Sie im ESG-Dschungel den Überblick wahren und welche Produkte sich für Vorsichtige eignen.

Nachhaltigkeit liegt im Trend – und zwar nicht nur bei der Fairtrade-Jeans und der Bio-Banane, sondern auch in der Finanzwelt. Das belegen Marktzahlen des Forums Nachhaltige Geldanlage (FNG): Demnach verdreifachte sich das Investitionsvolumen von deutschen Privatpersonen in nachhaltige Geldanlagen im Jahr 2021 auf 131,2 Milliarden Euro. Im Vergleich zu 2020 war das ein Wachstum von 230 Prozent.

Tatsächlich spielen private Anlegerinnen und Anleger eine immer wichtigere Rolle am grünen Finanzmarkt: Während ihr Anteil 2021 auf 36 Prozent zulegte, schrumpfte der Anteil institutioneller Investoren von 82 auf 64 Prozent. Noch deutlicher wird dieser Wachstumstreiber in Österreich: Hier machten private Anlegerinnen und Anleger im Jahr 2021 bereits 56 Prozent am Markt für nachhaltige Geldanlagen aus.

Dass Privatpersonen mit grünem Gewissen auch ihre Finanzen entsprechend ausrichten, ist nur konsequent. Was bringt der Verzicht auf Plastikbecher oder gar den eigenen Pkw, wenn die Hausbank mit meinen Einlagen Kredite an Ölproduzenten vergibt? Was bringt der Boykott von Produkten eines bestimmten Konzerns, wenn mein ETF diesen enthält? Genauso viel, wie wenn Sie mit einem SUV zum Bioladen fahren.

Leider hat der Markt für nachhaltige Geldanlagen mit zwei Problemen zu kämp-

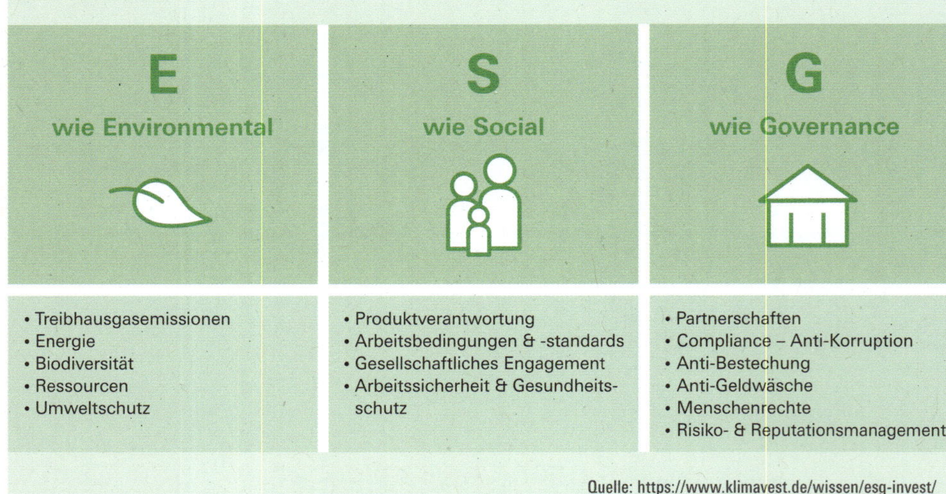

fen: Erstens, was nachhaltig wirklich bedeutet, dafür gibt es noch kein einheitliches Verständnis. Das zweite Problem betrifft das Überangebot bei der Produktauswahl. Die Anbieter freuen sich über die steigende Beliebtheit grüner Geldanlagen und fluten den Markt regelrecht mit Fonds und ETF. Sich heute in dem grünen Dschungel noch zurechtzufinden ist nicht gerade einfach.

ESG – Umwelt, Soziales, Unternehmensführung

Ein Investmentansatz, der bei der Auswahl nachhaltiger Anlageobjekte helfen soll, lautet „ESG". Der ist mittlerweile so erfolgreich, dass man an den drei Buchstaben gar nicht mehr vorbeikommt.

Das Akronym ESG stammt aus dem Englischen und steht für „Environmental", „Social" und „Governance". Ins Deutsche übersetzt heißt das Umwelt, Soziales und Unternehmensführung. An jede dieser drei Dimensionen sind nachprüfbare Kriterien geknüpft, die ein Unternehmen zu erfüllen hat, um als nachhaltige Investition infrage zu kommen.

In der ersten Dimension Umwelt (E) spielen Klimaschutz, Energiemanagement und der Schutz natürlicher Ressourcen eine wichtige Rolle. Dieses Kriterium zielt etwa darauf ab, dass ausschließlich in Unternehmen investiert wird, die möglichst geringe Mengen an Treibhausgasen emittierten oder gar CO_2-neutral wirtschaften.

Das „S" nimmt soziale und gesellschaftliche Aspekte unter die Lupe. Hier geht es um die Arbeitsbedingungen im Unternehmen, eine faire Entlohnung und Gleichberechtigung. Orientiert sich ein Fonds an diesem Kriterium, sind Unternehmen ausgeschlossen, die auf Kinderarbeit setzen.

Zu einer verantwortungsvollen Unternehmensführung (G) zählen Korruptionsbekämpfung, Transparenz und wettbewerbsrechtliche Fairness. Ein weiterer Pluspunkt für Unternehmen: wenn sie ihre Vorstandsvergütung an das Erreichen von ESG-Zielen knüpfen.

Das grüne Farbspektrum

Was nachhaltig ist und was nicht, liegt im Auge der Betrachtenden. Der Gesetzgeber versucht das zu ändern. Doch „Greenwashing" bleibt weiterhin ein Ärgernis.

Weltrettung ist ein profitables Geschäft. Deshalb sorgt der Nachhaltigkeitsboom am Kapitalmarkt für Euphorie – allerdings weniger unter Umweltaktivistinnen als bei den Banken und Fondsgesellschaften. Denn Letztere verdienen sich am grünen Trend eine goldene Nase. Seit Jahren überschwemmen sie den Markt mit immer neueren Produkten, vergeben ihre eigenen Zertifikate und Siegel. Doch wie Sie bestimmt schon aus der Lebensmittelindustrie wissen: Auf hauseigene Bio-Siegel ist kein Verlass.

Anbieter von Finanzprodukten legen mehr oder weniger nach eigenem Gutdünken fest, was sie als nachhaltig einordnen und was nicht. Die Herausforderung für den Gesetzgeber: Wo verläuft die Grenze zwischen Marketing und strafrechtlich relevanter Täuschung? In diesem Zusammenhang liest man häufig von „Greenwashing", also der „Grünfärberei". Der Vorwurf lautet, dass manche Banken und Fondsgesellschaften einen Etikettenschwindel betreiben, ihre Produkte grüner darstellen, als sie in Wahrheit sind. Sie suggerieren einen positiven „Impact", ohne das beweisen zu können. Oder die grünen Produkte dienen ihnen schlicht als Feigenblatt, um über ihr eigentliches Kerngeschäft hinwegzutäuschen.

Ein medial viel beachteter Greenwashing-Vorwurf war jener gegenüber der Deutschen-Bank-Tochter DWS. Die Fondsgesellschaft soll Finanzprodukte als nachhaltiger verkauft haben, als diese tatsächlich waren. Zuerst ermittelten im Sommer 2021 US-Behörden, Anfang 2022 kam es dann auch in Deutschland zu Razzien in den DWS-Räumen in Frankfurt. Laut Staatsanwaltschaft haben sich Anhaltspunkte ergeben, „dass entgegen den Angaben in Verkaufsprospekten von DWS-Fonds ESG-Faktoren nur in einer Minderheit der Investments tatsächlich berücksichtigt worden sind, in einer Vielzahl von Beteiligungen jedoch keinerlei Beachtung gefunden haben". Die DWS hat die Anschuldigungen stets entschieden zurückgewiesen. Ihren Chef hat die Fondsgesellschaft nach der zweiten Razzia allerdings ausgewechselt.

Unabhängig von grünen Mogelpackungen kann es passieren, dass Sie in ein als nachhaltig deklariertes Produkt investieren, das nicht Ihren persönlichen Vorstellungen entspricht. Der Grund dafür ist, dass Nachhaltigkeit noch nicht einheitlich definiert

GREEN-WASHING FÜNF ZEICHEN

1 Nicht geschützt sind vielversprechende Begriffe wie „nachhaltig" oder „ESG". Prüfen Sie stets kritisch, worin tatsächlich investiert wird.

2 Nicht alle Siegel, Logos und Standards sind streng und glaubwürdig. Prüfen Sie, woher sie kommen. Sind diese unabhängig?

3 Werden Sie hellhörig, wenn Produktunterlagen mit bunten Bildern wie grünen Wiesen und blauem Himmel werben, aber keine Nachhaltigkeitskriterien enthalten.

4 Es gibt Angebote, die sehr konkrete Wirkungen benennen. Etwa: „So viel Tonnen CO2 werden vermieden." Vorsicht, wenn Anbieter ihre Berechnungsgrundlagen nicht offenlegen.

5 Einige Anbieter werben mit grünen Produkten, tun aber sonst nichts für Nachhaltigkeit. Beispiel: Eine Bank legt einen grünen Fonds auf, verdient aber Milliarden im fossilen Wirtschaftssektor.

ist – und sich zudem nur sehr schwer messen lässt. Dementsprechend ist die Herangehensweise der Produktanbieter äußerst variationsreich. Ein weitverbreiteter Ansatz für nachhaltige Investitionen nennt sich beispielsweise „Best-in-Class" (siehe Checkliste auf S. 94).

Diesen Ansatz verfolgt unter anderem der große US-Indexanbieter MSCI: Er vergibt anhand von ESG-Kriterien Punkte an alle Unternehmen im großen Mutterindex MSCI World. Für den davon abgeleiteten Nachhaltigkeitsindex „MSCI ESG Leaders" kommen anschließend jedoch nur die „Klassenbesten" infrage – und zwar aus fast jeder Branche. Fast jede Branche heißt, dass der Kohle-Sektor auf einige wenige Ausnahmen limitiert wird, aber nicht ausgeschlossen. Ganz ausgeschlossen werden nur einige wenige kontroverse Branchen wie beispielsweise die Rüstungsindustrie, Tabak, Alkohol und Glücksspiel. Investments in Öl und Gas sind hingegen erlaubt. Die Idee dahinter: So sollen Vorbilder geschaffen werden. Ein Öllieferant, der hinter dem „Klassenbesten" zurückbleibt und es deshalb nicht in den Index schafft, soll einen Anreiz erhalten, sich nachhaltiger aufzustellen. Allerdings: Wer das nicht weiß und einen ETF auf den Index „MSCI ESG Leaders" kauft, dürfte sich ärgern, fossile Energieträger im Depot zu haben. Werfen Sie daher stets einen kritischen Blick in die Index-Zusammensetzung und die größten Positionen eines jeden Fonds.

Wichtige Verordnungen: SFDR, Taxonomie, MiFID II

Um das einheitlicher und für uns Konsumentinnen und Konsumenten transparenter zu gestalten, kommen aus Brüssel weitreichende Maßnahmen. Die EU hat im Rahmen ihres „European Green Deal" ein umfangreiches Programm entworfen, das nachhaltiges Wirtschaften fördern soll und nach und nach ausgerollt wird. Dieser Aktionsplan umfasst mehrere miteinander verknüpfte Verordnungen. Die drei wichtigsten davon: Offenlegungsverordnung, EU-Taxonomie und „Corporate Sustainability Reporting Directive" (CSRD).

Die sogenannte Offenlegungsverordnung oder auch „Nachhaltigkeitsbezogene Offenlegungspflichten im Finanzdienstleistungssektor" (SFDR) ist seit März 2021 in Kraft. Die SFDR richtet sich an Finanzunternehmen, also Fondsgesellschaften, Banken oder Versicherungen. Diese sind seither bei all ihren Fonds verpflichtet, ESG-Informationen offenzulegen. Das geschieht mithilfe von drei SFDR-Produktkategorien: Produkte nach Artikel 6, Artikel 8 oder Artikel 9. Anleger finden diese Angaben entweder direkt in den Fondsprospekten oder auf den Webseiten der Anbieter.

Ist ein Fonds nach Artikel 6 klassifiziert, bedeutet das, dass er keine Nachhaltigkeitskriterien berücksichtigt – oder nur in einem geringen Umfang. Artikel-8-Fonds sind Finanzprodukte, die „unter anderem ökologische oder soziale Merkmale oder eine Kombination aus diesen Merkmalen" bewerben. Diese ESG-Fonds werden oftmals auch als „hellgrün" bezeichnet, weil sie zwar ökologische Merkmale aufweisen, Nachhaltigkeit jedoch nicht ihr Hauptziel ist. Dieses Ziel haben Fonds nach Artikel 9: Laut SFDR wird mit ihnen „eine nachhaltige Investition angestrebt".

Die „Taxonomie-Verordnung" enthält detailliertere Informationen zur SFDR und trat Anfang 2022 in Teilen in Kraft. Sie nimmt Finanzmarktakteure genauso wie realwirtschaftliche Unternehmen in die Pflicht. Die Taxonomie definiert zum einen, welche konkreten wirtschaftlichen Aktivitäten als ökologisch nachhaltig anzusehen sind. Zum anderen müssen Unternehmen umweltbezogene, nicht-finanzielle Kennzahlen bereitstellen. Eine solche Kennzahl ist zum Beispiel der Anteil ökologisch nachhaltiger Aktivitäten am Gesamtumsatz.

Damit sich ein Produkt nach EU-Taxonomie ökologisch nachhaltig nennen darf, muss es zumindest zu einem von insgesamt sechs Umweltzielen positiv beitragen und darf keinem davon widersprechen. Umweltziele sind etwa Klimaschutz und Kreislaufwirtschaft. Darüber hinaus muss ein gewisser „Mindestschutz" eingehalten werden, etwa für Arbeitssicherheit und Menschenrechte.

Leider gilt auch hier: Nachhaltigkeit liegt im Auge der Betrachtenden. So hat sich die EU vor allem auf Bestreben von Frankreich dazu entschlossen, sowohl Kernenergie als

Checkliste

Nachhaltigkeit ist nur schwer messbar

Welche positive ökologische oder soziale Wirkung eine Investition hat, lässt sich nur schwer in Zahlen gießen – anders als bei der einfach zu berechnenden Rendite. Daher kommt es für Sie darauf an, mit der Herangehensweise des Anbieters einverstanden zu sein. Hier die häufigsten Methoden:

- ☐ **Gezielte Investments (Positivkriterien).** Der Anbieter legt bestimmte Anforderungen fest, die Unternehmen erfüllen müssen, um es ins Weltverbesserer-Portfolio zu schaffen. Beispiel: Unternehmen aus dem Bereich erneuerbare Energien.
- ☐ **Die „Besten" (Best-in-Class).** Alle Unternehmen einer bestimmten Branche werden im Sinne der Nachhaltigkeit bewertet. Der Fonds schließt keinen Wirtschaftszweig aus, investiert aber nur in die „Klassenbesten". Das soll alle Unternehmen aus kontroversen Branchen dazu animieren, sich zu verbessern.
- ☐ **Ausschluss (Negativkriterien).** Der Anbieter erstellt einen Kriterienkatalog und sortiert damit bestimmte Unternehmen aus. Wichtig: Diese Kriterien müssen für Sie persönlich auch passen. Was für die einen grün und nachhaltig ist, ist für die anderen ein No-Go – siehe die Debatte um Atomenergie.
- ☐ **Einflussnahme (Engagement).** Anbieter werben damit, in den Dialog mit Aktiengesellschaften zu treten. Das machen sie etwa durch ihr Stimmrecht bei der Hauptversammlung oder den direkten Dialog. Einigen gelingt das, vielen aber nicht. Die Beziehung zwischen Ursache und Wirkung lässt sich nur schwer herstellen.
- ☐ **Wirkung (Impact Investing).** Impact-Investoren werben damit, nicht einfach nur in bestimmte Unternehmen zu investieren – oder diese auszuschließen. Sie wollen einen kausalen Zusammenhang zwischen Investition am Kapitalmarkt und Wirkung in der physischen Welt erreichen. Solche Wirkungsversprechen sollten Sie immer mit Skepsis betrachten – sie lassen sich in manchen Fällen kaum beweisen.

auch Erdgas in die Taxonomie aufzunehmen und unter bestimmten Bedingungen als „nachhaltiges Investment" zu klassifizieren. Das hat unter vielen Marktteilnehmern für große Empörung gesorgt.

Die CSRD ist in diesem Zusammenhang die dritte große Verordnung aus Brüssel. Im Kern erweitert sie bereits bestehende Regeln zur nicht-finanziellen Berichterstattung noch einmal erheblich. Sie verlangt noch mehr umweltbezogene Angaben, verpflichtet noch mehr Unternehmen und ist ab Januar 2024 in Teilen gültig.

Künftig soll es auch eine soziale Taxonomie geben. Derselben Methodik folgend soll damit Kapital in sozial nachhaltige Investitionen gelenkt werden, also dem „S" in ESG. Dagegen läuft nun zwar nicht Frankreich, dafür aber die deutsche Rüstungsindustrie Sturm – mit Erfolg: Hieß es in einem ersten Entwurf zur Sozialtaxonomie noch, dass Waffenhersteller auf gar keinen Fall für das soziale Label infrage kommen können, wurde die Formulierung aufgeweicht.

Stand heute sollen nur noch Rüstungsgüter ausgeschlossen werden, deren Einsatz unter internationalen Konventionen verboten ist. Alles deutet darauf hin, dass der Gesetzgeber hier ähnlich vorgehen könnte, wie er es schon bei Gas und Atomkraft getan hat. Zwar dürfte nicht jede Anlegerin, jeder Anleger ein Problem mit konventionellen Waffen haben. Viele nachhaltig Anlegende dürfte das vermutlich allerdings doch irritieren.

→ Gut zu wissen: MiFID II

Was verstehen Sie unter nachhaltig? Soll Nachhaltigkeit bei Ihrer Geldanlage berücksichtigt werden? Seit August 2022 sind Berater dazu verpflichtet, mit ihren Kundinnen und Kunden aktiv über deren Nachhaltigkeitspräferenzen bei der Geldanlage zu sprechen. Das Dreieck aus Risiko, Rendite und Liquidität ist damit zu einem Viereck geworden, mit Nachhaltigkeit als weiterem Ziel. So verlangt es die neue „Delegierten Verordnung (EU) 2021/1253" zur existierenden Finanzmarktrichtlinie „MiFID II". Die EU will damit noch mehr Gelder in nachhaltige Investments lenken. An sich eine gute Sache. Leider bleiben freie Finanzberater von der Regelung (vorerst) ausgeschlossen.

Das ESG-Wirrwarr

Auf den Produktseiten der Finanzinstitute wimmelt es nur so von allen möglichen Kürzeln: SRI, ESG, und dann noch Universal oder Screened? Das kann ganz schön verwirrend sein. Dabei wollten Sie doch einfach nur in einen nachhaltigen Fonds investieren. Deshalb klären wir in weiterer Folge, was sich hinter den teils kryptischen Begriffen verbirgt. Da ein Großteil aller nachhaltigen Aktien-ETF Indizes des US-amerikanischen Finanzdienstleisters MSCI nachbilden, orientiert sich diese Übersicht an dessen Indexmethoden. Sie sind die Grundlage für nachhaltige ETF von den ETF-Anbietern iShares, Xtrackers, Amundi und Co.

- **ESG-Universal.** Im Aktienindex MSCI World werden Unternehmen nach deren Marktkapitalisierung (dem Börsenwert) gewichtet. Das Ziel dabei: Aktien von Unternehmen mit einem hohen Börsenwert beeinflussen den Index stärker als von jenen mit einem geringen Börsenwert. Bei ESG-Universal gewichtet MSCI zusätzlich anhand von ESG-Punkten. Ausgehend von ihrem Börsenwert werden Unternehmen mit einer höheren Punkteanzahl über- und die mit schlechten Ratings untergewichtet. Die Universal-Indizes schließen nur jene Konzerne aus, die gegen internationale Normen verstoßen. Das sind beispielsweise schwere Verstöße gegen die Menschenrechte und Hersteller kontroverser Waffen, also von Landminen und Streubomben.
- **ESG-Screened.** Hierfür nutzt MSCI unterschiedliche Toleranzschwellen. Unternehmen aus kritischen Branchen werden lediglich dann ausgeschlossen, wenn sie zumindest 5 Prozent ihres Umsatzes beispielsweise mit Kraftwerkskohle oder mit Ölsanden erwirtschaften. Wer unterhalb der Schwelle liegt, kommt in den Index. Das dürfte nicht jeder Anlegerin und jedem Anleger gefallen. Vollständig aus dem Index fallen Produzenten kontroverser Waffen. Dadurch bleiben im Vergleich zu ESG-Universal etwas weniger Unternehmen übrig. Die endgültige Gewichtung der einzelnen Unternehmen erfolgt nach deren Börsenwert.
- **ESG-Enhanced.** Die Ausschlüsse entsprechen hier den Ausschlüssen der Screened-Indizes. Die Gewichtung der einzelnen Unternehmen innerhalb des Index erfolgt aber auf der Basis des ESG-Scores. Ein höherer Score bedeutet ein höheres Gewicht in Relation zum Börsenwert. Die ESG-Enhanced-Indizes wollen Treibhausgasemissionen im Vergleich zum Mutterindex MSCI World um 30 Prozent verringern.
- **ESG-Leaders.** Noch einmal strengere Ausschlusskriterien für etwa Alkohol und Atomkraft. Außerdem schafft es bei den verbleibenden Unternehmen nur die bessere Hälfte in den Index, gemessen an deren ESG-Rating. Die anschließende Indexgewichtung erfolgt nach der Marktkapitalisierung.
- **SRI (für: Socially Responsible Investment).** SRI-Indizes weisen die strengsten Ausschlusskriterien aller nachhaltigen MSCI-Indizes auf. Sie sind ähnlich aufgebaut wie ESG-Leaders, allerdings schaffen es nur die grünsten 25 Prozent der Unternehmen in den Index. Darüber hinaus existieren eine Reihe von Sub-Indizes, die einen strengen Fokus auf unterschiedliche Klimaschutzpraktiken legen.

So finden Sie wirklich nachhaltige Fonds

Bedeuten fehlende Standards und Greenwashing, dass Sie auf ESG-Anlagen verzichten sollten? Keineswegs. Unsere Bewertung hilft Ihnen bei der Auswahl.

→ **Für nachhaltige Geldanlage** gilt ebenso wie für konventionelle: Sie soll zu Ihrem Risikotyp passen. Anlegerinnen und Anleger sollten zunächst überlegen, welche Mischung aus sicheren Zinsanlagen und renditeträchtigen, aber riskanteren Aktienfonds ihrem Sicherheitsbedürfnis entspricht. Das Anlagekonzept von Finanztest, das Pantoffel-Portfolio, kann bei der Zusammenstellung als Vorbild dienen (mehr dazu in „Das Pantoffel-Portfolio", S. 122).

Das Pantoffel-Portfolio für Vorsichtige besteht zu 75 Prozent aus sicheren Zinsanlagen und zu 25 Prozent aus Aktien-ETF. Wer nachhaltig anlegen will, wählt anstelle eines klassischen Aktien-ETF auf den MSCI World eine grüne Variante. Ebenso können Sie ein Tages- oder Festgeldkonto bei einer grünen Hausbank eröffnen – dazu mehr im nachfolgenden Abschnitt.

Zwei Punkte vorweg: Auch unseriöse Finanzprodukte tragen gern einen grünen Mantel. Es bedarf keiner exotischen Anlageform, um nachhaltig zu investieren. Viele als grün beworbene Geldanlagen, etwa ökologische Beteiligungsprojekte an Windparks, sind zu riskant für vorsichtige Anleger und Anlegerinnen.

Und was grüne Anleihen anbelangt, so sind diese immer noch ein Nischenprodukt. Zwar existieren freiwillige Standards, an denen Sie sich orientieren können. Dazu zählen das FNG-Siegel oder der viel beachtete Maßstab der Capital Market Association (ICMA) für grüne und soziale Bonds. Zum aktuellen Zeitpunkt können wir allerdings keine dieser Nischen-Produkte im Anleihemarkt für Vorsichtige empfehlen.

Der Nachhaltigkeits-Test von Finanztest

Finanztest hat nachhaltige Fonds (aktive und ETF) der Gruppen Aktien Welt, Europa und Schwellenländer geprüft und bewertet, wie streng sie in punkto Nachhaltigkeit sind. Fünf Nachhaltigkeitspunkte gibt es für die strengsten Fonds, einen Punkt für die laxen. Insgesamt haben die Expertinnen und Experten für 404 Fonds Daten angefragt und für 195 Fonds eine Note vergeben.

Das größte Gewicht für die Nachhaltigkeitsnote liegt auf den Ausschlusskriterien.

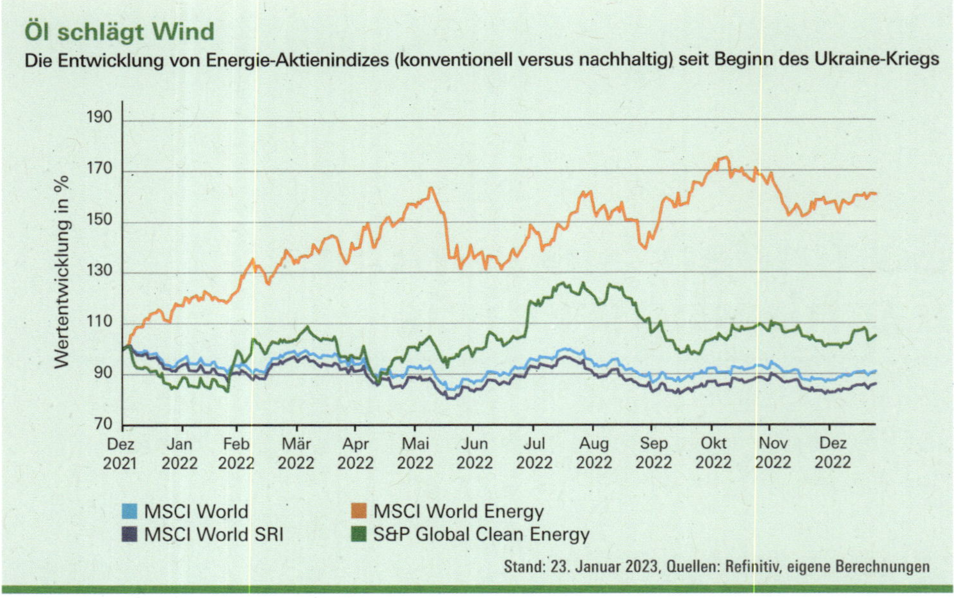

Sie flossen zur Hälfte in die Nachhaltigkeitsnote ein. Hierzu zählen fossile Energien, Kinderarbeit oder Waffen. Für die volle Punktzahl toleriert Finanztest einen Umsatzanteil von 5 Prozent. Ein Fonds, für den Kohle tabu ist, darf die Aktien trotzdem kaufen, wenn das betreffende Unternehmen nicht mehr als 5 Prozent seines Umsatzes etwa mit Kohleförderung oder Stromerzeugung aus Kohle erzielt. Das trifft beispielsweise auf Firmen zu, die ihr Geschäft gerade umstellen. Bis zur Grenze von 10 Prozent gibt es die halbe Punktzahl.

Bei Ölsänden, Fracking, aber auch geächteten Waffen, Tabakproduktion und Pornografie sind die Tester strenger. Geprüft wurde auch, wie konsequent Anbieter bei der Auswahl der Titel vorgehen, welche Methoden sie dabei anwenden und wie konsequent sie bei Verstößen der Unternehmen handeln.

Das Ergebnis: Nachhaltige ETF haben unterm Strich schlechter abgeschnitten als aktiv gemanagte Aktienfonds. Selbst die besten ETF haben nur drei Punkte in der Finanztest-Nachhaltigkeitsbewertung erreicht. Viele haben zwei oder sogar nur einen Punkt. Das liegt daran, dass sie weniger oder laxere Ausschlusskriterien haben. Zudem haben die untersuchten ETF keinen Nachhaltigkeitsbeirat.

Europa- und Schwellenländerfonds haben insgesamt schlechter abgeschnitten. Der Grund: Sie schließen häufig fossile Energien oder Atomkraft nicht komplett aus oder sind weniger streng bei der Titelauswahl. Die empfehlenswertesten nachhaltigen Welt-ETF kommen von Amundi, BNP Paribas, iShares und UBS.

Finanztest spricht hier auch von ETF „1. Wahl". Das heißt, dass diese ETF nicht nur Nachhaltigkeitskriterien berücksichtigen, sondern auch einen für ihre Fondsgruppe typischen Index nachbilden – beispielsweise den MSCI World. Dadurch sind sie möglichst breit gestreut. Das Finanztest-Siegel

„1. Wahl" bedeutet hingegen nicht, dass diese Fonds die beste Rendite erzielt haben. Eine nützliche Tabelle dazu finden Sie im Hilfe-Abschnitt auf S. 155 „Die besten nachhaltigen Aktien-ETF".

Unter den Fonds mit der Nachhaltigkeitsbestnote von fünf Punkten finden sich derzeit nur aktiv gemanagte Fonds. Es sind die fünf Weltaktienfonds Ökovision Classic, Superior 6 Global Challenges, GLS Bank Aktienfonds, TerrAssisi Aktien und Steyler Fair Invest sowie der Schwellenländerfonds Ökoworld Growing Markets. Eine entsprechende Tabelle mit Bewertungsdetails steht ebenfalls im Hilfe-Abschnitt auf S. 156 („Die nachhaltigsten Aktienfonds Welt").

Nun ist es leider so, dass Nachhaltigkeit nicht das einzige Kriterium bei der Geldanlage sein darf – gerade für vorsichtige Anlegende. Zwar haben sich nachhaltige und konventionelle Fonds über die vergangenen Jahre hinsichtlich der Rendite in etwa gleich entwickelt. Zuletzt hatten konventionelle Fonds aber leichte Vorteile, da infolge des Ukraine-Krieges die Aktien der Ölmultis stark gestiegen sind. Gerade die besten der nachhaltigen Fonds verzichten auf fossile Energien – und konnten an der Kursrallye nicht teilnehmen. Die Nachhaltigkeitsbesten haben in Folge stark an Wert eingebüßt. Der „Ökovision Classic" hat beispielsweise zwischen Sommer 2021 und Sommer 2022 rund 20 Prozent an Wert verloren.

Zusammengefasst: Was heißt das nun für Sie als vorsichtig anlegenden Menschen? Wenn Sie eine verlässliche Wertentwicklung wichtiger finden als die Nachhaltigkeitsbestnote, setzen Sie auf einen mittelstrengen Welt-ETF aus unserer Tabelle. Diese sind breit gestreut und mit Kosten bis zu 0,25 Prozent günstiger als aktive Fonds. Beim Testsieger Ökovision betragen die laufenden Kosten 2,21 Prozent pro Jahr.

Wenn Sie hingegen oberste Priorität auf strenge Nachhaltigkeit legen, haben Sie keine andere Wahl: Sie müssen aktive Fonds kaufen. Für Vorsichtige empfehlen wir in diesem Fall zumindest eine Kombination aus einem aktiven Fonds und einem ETF.

Fünf Kauftipps für nachhaltige Fonds

1. **Wenn Sie einen nachhaltigen Fonds kaufen wollen,** brauchen Sie Ihre Bank nicht zwangsweise zu wechseln. Aktiv gemanagte Fonds bekommen Sie womöglich direkt bei Ihrem Berater. ETF kaufen Sie über Ihre Bank an der Börse. Sie können auch Sparpläne auf nachhaltige Fonds einrichten.
2. **Falls Sie kein Wertpapierdepot haben** oder die Bank wechseln wollen, können Sie sich unter test.de/depotkosten (siehe dazu auch S. 151) über die günstigen Angebote informieren. Auch Neobroker bieten nachhaltige Fonds. Beim freien Vermittler im Internet können Sie Kosten für den Kauf aktiv gemanagter Fonds sparen.

3 **Achten Sie auf eine gute Depotmischung.** Sie sollten nicht alles auf eine Karte setzen und zu Aktien auch nachhaltige Zinsanlagen mischen. Sie können sich auch ein nachhaltiges Pantoffel-Portfolio bauen. Mehr über diese Anlagestrategie erfahren Sie im Kapitel „Anlagestrategien“ ab S. 119.

4 **Wenn Sie sich für aktiv gemanagte Fonds** entschieden haben, sollten Sie regelmäßig deren Finanzqualität kontrollieren. Das können Sie einfach mithilfe unserer Fondsdatenbank unter test.de/fonds.

5 **1. Wahl ETF, die Sie gekauft haben,** können Sie dauerhaft behalten.

Nachhaltige Hausbanken

Auch Girokonten, Tages- und Festgeld lassen sich nach ethisch-ökologischen Kriterien verwalten. Dafür brauchen Sie eine grüne Hausbank.

Geld, das zwischenzeitlich auf Ihrem Giro-, Tages- oder Festgeldkonto parkt, befindet sich nur scheinbar im Ruhezustand. Tatsächlich nutzen Banken unsere Einlagen für Investitionen und vergeben damit Kredite. An wen die Gelder fließen, kann für Sparende mit grünem Gewissen problematisch sein.

Wer nicht möchte, dass mit dem eigenen Geld Umweltsünderinnen und -sünder finanziert werden, kann ein Konto bei einer nachhaltigen Bank eröffnen. Im Gegensatz zu herkömmlich arbeitenden Hausbanken knüpfen sie ihre Mittelvergabe an ökologische und soziale Kriterien. Nachhaltige Finanzinstitute arbeiten nach der Devise: Rendite ja, aber nicht um jeden Preis. Wer sich also aus ethisch-ökologischen Gründen von seiner Hausbank abwenden möchte, für den stellen grüne Banken eine echte Alternative dar.

Dass tatsächlich immer mehr Deutsche Wert legen auf einen nachhaltigen Umgang mit ihren Einlagen, beweist der stetige Wachstumskurs der Spezialbanken (siehe Abbildung S. 103).

Besonders viel Auswahl haben Sie dennoch nicht: Von den mehr als 1700 Banken in Deutschland hat Finanztest gerade einmal 11 (Stand 2021) als ethisch-ökologisch eingestuft. Fast alle nachhaltigen Geldinstitute haben ihre Wurzeln entweder in der Umweltbewegung, in kirchlichen Strukturen oder in sozialen Bewegungen.

Die folgenden Banken bieten in Deutschland ethisch-ökologische Zinsanlagen an (in alphabetischer Reihenfolge): Bank im Bistum Essen, Ethikbank, Evangelische Bank, GLS Bank (Gemeinschaftsbank für Leihen und Schenken), KD-Bank (Bank für Kirche und Diakonie), KT-Bank (Kuwaitisch-Türkische Beteiligungsbank), Pax-Bank, ProCredit Bank, Steyler Ethik Bank, Triodos Bank, Umweltbank.

(In Österreich ist die Lage leider ausgesprochen ernüchternd: Laut dem jüngsten „Banken-Check" der Umweltorganisation Global 2000 agiert kein einziges Institut im Sinne einer sozial-ökologischen Transformation. Nur eine einzige der insgesamt 11 befragten Banken schließt Finanzierungen von fossilen Energien aus – die Umweltbank Raiffeisenbank Gunskirchen. Doch auch dieses Institut schneidet in der Gesamtwertung nur verhältnismäßig gut ab.)

Das macht eine Bank zum nachhaltigen Institut

In vielen Punkten unterscheiden sich nachhaltige Banken nicht von herkömmlichen. Viele von ihnen bieten die gleichen Bankgeschäfte wie Girokonten und Tagesgeld – allerdings nicht alle. Deshalb ist es wichtig, dass Sie als potenzieller Neukunde das aktuelle Angebot sorgfältig prüfen.

Nicht alle der oben genannten ethisch-ökologischen Banken bieten bisher Tages- und Festgeldkonten an. Bei manchen nachhaltigen Banken gibt es keine Girokonten, bei anderen wiederum keine Kreditkarten. Auch Ratenkredite für Konsumwünsche gibt es bei einigen Instituten nicht. Das Gleiche gilt für Immobilien-Darlehen.

Was die angeführten Banken gemeinsam haben: Ihre Zinsen für Dispokredite sind teils deutlich niedriger als bei klassischen Instituten. Dafür haben die Nachhaltigen aber sehr wenige oder gar keine Filialen. Sparende sind in der Regel auf Internet, Telefon oder Post angewiesen.

Wichtig für Vorsichtige: Auch Nachhaltigkeitsbanken werden von der Finanzaufsicht Bafin kontrolliert und sind in der Einlagensicherung. Gesetzlich sind damit in der EU 100 000 Euro pro Person und Bank gesichert, viele Banken gehören zusätzlich noch freiwilligen Sicherungssystemen an. Bei den meisten Banken können Sie auch direkt ein eigenes Wertpapierdepot einrichten und Fonds, ETF oder Aktien und Anleihen kaufen.

Der deutlichste und zugleich wichtigste Unterschied zwischen nachhaltigen und herkömmlichen Banken ist der Umgang mit dem Geld der Kundinnen und Kunden. Nachhaltige Banken verleihen das Geld, das auf Giro-, Tages- oder Festgeldkonten liegt, nicht an jeden. Geld, das die Institute nicht als Kredit weitergeben, legen sie selbst am Kapitalmarkt an – aber sie kaufen dafür keine Aktien oder Anleihen von ausgeschlossenen Firmen.

Keines der aufgelisteten Institute vergibt Kredite an Waffen- und Rüstungsproduzen-

Checkliste

So finden Sie eine grüne Bank

Geld, das zwischenzeitlich auf Tagesgeld- und Festgeldkonten parkt, befindet sich nur scheinbar im Ruhezustand. Tatsächlich nutzen Banken unsere Einlagen für Investitionen und vergeben damit Kredite. An wen unser Erspartes auf diese Weise fließt, kann mitunter problematisch sein.

Wer nicht möchte, dass sein Geld Dreckschleudern und sonstige Umweltsünder finanziert, sollte ein Konto bei einer grünen Bank eröffnen, die ihre Kredite an ökologische und soziale Kriterien knüpft. Nicht maximaler Profit, sondern ein ethisch korrekter Umgang mit Finanzmitteln ist hier die oberste Maxime.

Zu den bekanntesten grünen Instituten in Deutschland zählen:

GLS (Gemeinschaftsbank für Leihen und Schenken), EthikBank, Triodos, KD-Bank (Bank für Kirche und Diakonie), Pax-Bank, Umweltbank und schließlich Tomorrow.

Doch was macht ein Institut überhaupt zur grünen Hausbank? Auf die folgenden Punkte lohnt es sich zu achten:

- ☐ **Transparenz:** Die Banken dokumentieren ihre grünen Heilsversprechen auf ihrer eigenen Website. Nur wenn Sie dort nachsehen, können Sie nachvollziehen, welche Geschäftsbeziehungen Ihr Geldinstitut eingeht, und es daran messen.
- ☐ **ESG-Kriterien:** Die Bank investiert anhand anerkannter ESG-Kriterien. Gelder fließen weder in die Rüstungsindustrie noch an Atomkraftwerke, Erdölraffinerien und auch nicht an Staaten, die das Pariser Klimaabkommen nicht ratifiziert haben. Spekulationen mit Lebensmitteln und Rohstoffen sind tabu.
- ☐ **Positivkriterien:** Grüne Hausbanken schließen nicht nur aus, sondern finanzieren Unternehmen, die aktiv einen positiven ökologischen oder sozialen Beitrag leisten. Dazu zählen erneuerbare Energien oder soziale Wohnprojekte.
- ☐ **Interne Standards:** Die Bank hält sich auch intern an feste Standards. Dazu zählen eine faire Entlohnung, Gleichberechtigung, Chancengleichheit und Betriebsökologie.

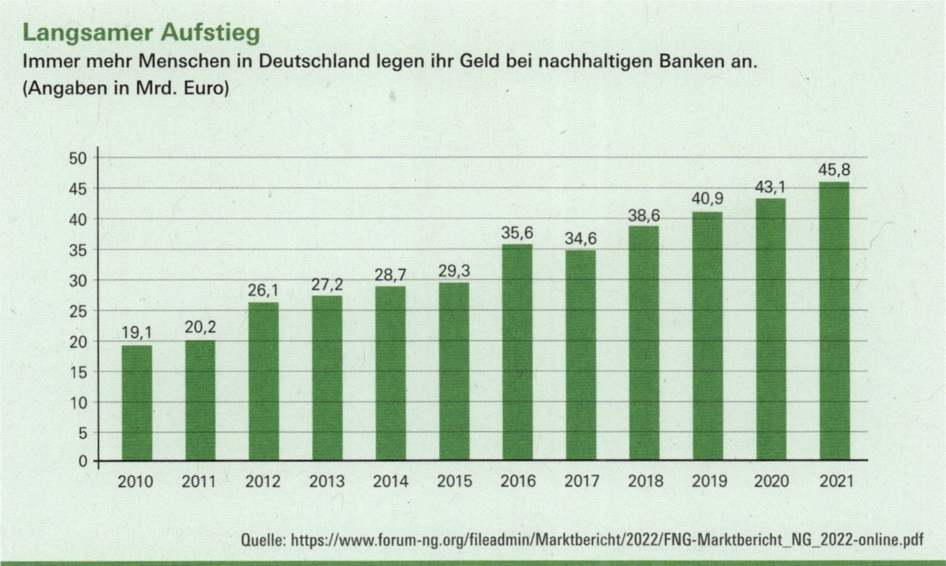

ten, ebenfalls tabu sind Glücksspiel und Pornografie. Bis auf eine Ausnahme vergeben die Banken auch keine Kredite an Atomkraftwerksbetreiber und Firmen, die Menschen- und Arbeitsrechte missachten.

Hier kommen wir zu einem altbekannten Problem: Nachhaltigkeit liegt im Auge der Betrachtenden. Kohle steht auf der Tabuliste der meisten, aber nicht aller Institute. Genauso sind Erdölförderer nicht bei allen als Kreditkunden ausgeschlossen. Kontrollieren Sie deshalb immer die Standpunkte und Anlagestrategien des jeweiligen Kreditinstituts, ob diese mit Ihren persönlichen Ansprüchen vereinbar sind. Diese Informationen finden Sie auf den Webseiten der Banken – oder schnell und unkompliziert im Online-Produktfinder von Finanztest.

Bei Staatsanleihen setzen die Banken andere Regeln an. Rüstung generell lässt sich hier nicht ausschließen – fast alle Staaten unterhalten eine Armee. Doch zumindest geächtete Waffen wie Landminen und Streumunition sind bei vielen Instituten außen vor. Auch bei Staatsanleihen könnten Klimakriterien strenger sein. Einige Banken schließen nur Staaten aus, die internationale Klimaabkommen nicht unterzeichnet haben, und stellen sonst keine weiteren Anforderungen.

Ausschlüsse sind nur ein Aspekt. Nachhaltige Banken unterstützen auch gezielt ökologische und soziale Projekte, beispielsweise Biobauernhöfe, Krankenhäuser oder kirchliche Einrichtungen, erneuerbare Energien oder die Förderung der wirtschaftlichen Entwicklung in Ost- und Südosteuropa. Das sind nur einige Beispiele von vielen. Wer mehr erfahren will, findet ausführliche Berichte auf den Internetseiten der Banken.

▶ Im Online-Produktfinder von Finanztest können Sie anhand von Filtern schnell die nachhaltigen Angebote herauspicken, die Ihren Wünschen entsprechen. Sie finden ihn unter test.de/nachhaltige-zinsen.

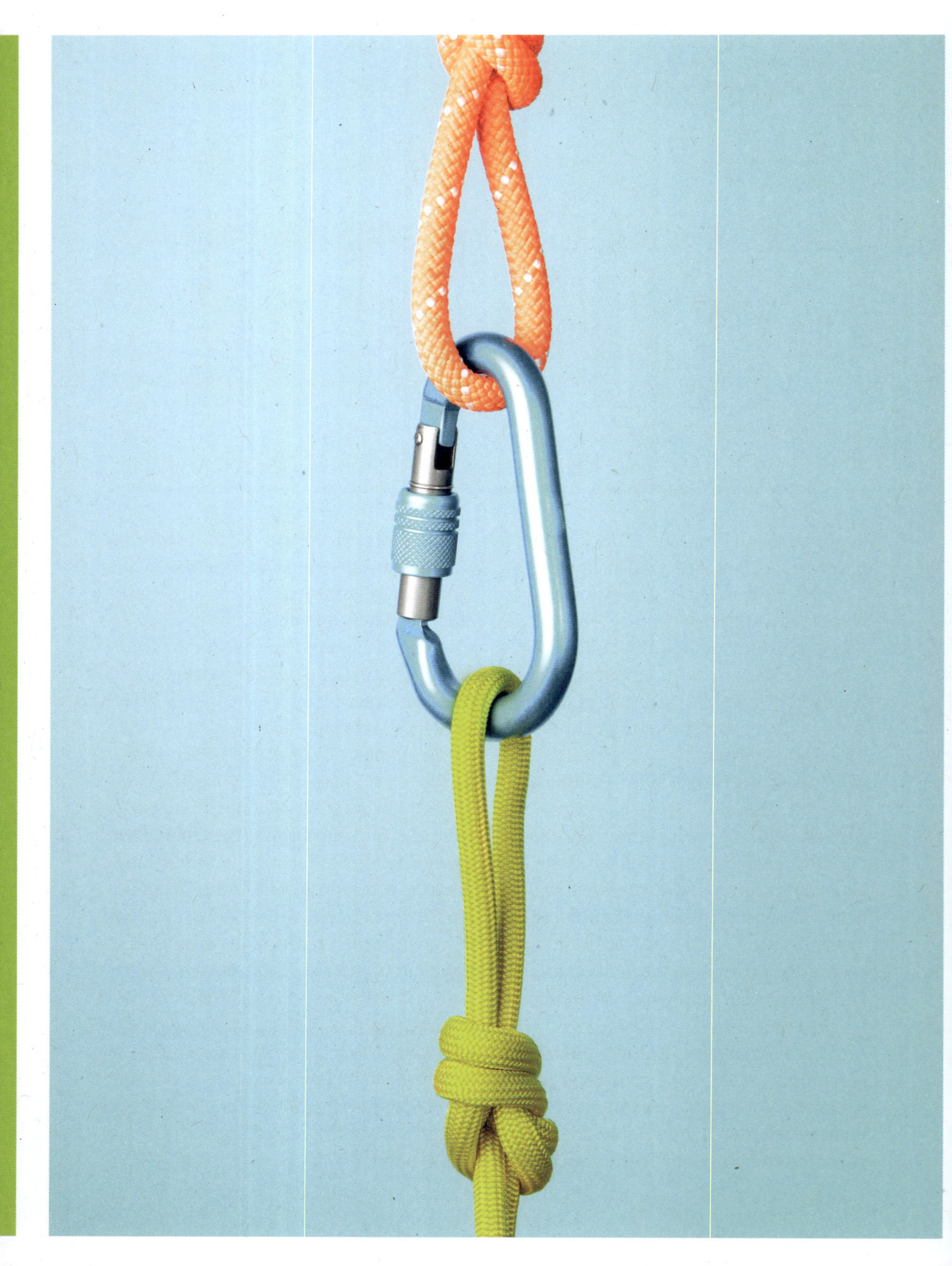

Einfach, sicher und preiswert investieren

Sie haben sich entschieden, einen Teil Ihres Vermögens gewinnbringend in ETF zu investieren. In diesem Kapitel erfahren Sie, wie Sie dabei vorgehen, von der Auswahl der richtigen Kaufquelle bis hin zur tatsächlichen Order.

Auf dem Weg hin zu Ihrer ersten ETF-Investition gibt es einige praktische Fragen zu klären. Zunächst einmal benötigen Sie ein Wertpapierdepot bei einer Bank oder einem Broker. Dort kaufen und verwahren Sie Ihre Wertpapiere. Doch für welches Institut sollen Sie sich entscheiden? Sollten Sie bereits ein Depot besitzen, müssen Sie zunächst noch Geld von Ihrem Girokonto überweisen. Dann geht es an den eigentlichen Kauf. Hier haben Sie die Qual der Wahl zwischen scheinbar unzähligen ETF. Wir zeigen Ihnen, auf welchen davon Sie als vorsichtige Anlegerin oder vorsichtiger Anleger setzen sollten. Aber auch nachdem Sie sich für ein bestimmtes Produkt entschieden haben, gibt es weitere wichtige Punkte zu beachten: die Wahl des richtigen Börsenplatzes, der passende Order-Typ und schließlich, ob Sie nur einmal investieren wollen oder regelmäßig mithilfe eines ETF-Sparplans. Das klingt nach ganz schön viel Aufwand. Wenn Sie sich aber an die nachfolgende Anleitung halten und unsere praktischen Tipps befolgen, schaffen Sie das mit Sicherheit und ohne Probleme. Auf geht's!

Broker wählen und Depot eröffnen

Egal, ob Sie eine größere Summe anlegen oder mit kleinen Beträgen einen ETF besparen wollen: Sie brauchen einen Broker und ein Wertpapierdepot. So gehen Sie dabei vor.

Bevor Sie einen Fonds oder ETF kaufen können, benötigen Sie ein Wertpapierdepot. Das ist ein Konto, mit dem Sie Wertpapiere handeln können. Auf diesem Konto lagern dann auch Ihre ETF-Anteile. Stellen Sie sich das so ähnlich vor wie bei einem Girokonto, auf dem Sie Ihr Geld verwalten und Zahlungen durchführen. Wie ein Girokonto hat jedes Wertpapierdepot eine Identifikationsnummer, die sogenannte Depotnummer. Da es im Wertpapierdepot keinen Barbestand gibt, benötigen Sie ein zusätzliches Verrechnungskonto. Dieses wird in der Regel automatisch mit dem Wertpapierdepot eröffnet.

Direktbanken und reine Online-Broker sind deutlich günstiger.

Künftig überweisen Sie Geld von Ihrem Girokonto auf das Verrechnungskonto, das dann für den Kauf von Wertpapieren für Ihr Depotkonto dient. Ganz schön viele Konten. Doch einmal gemacht ist das ganz einfach. Natürlich unterliegen Geldeinlagen auf dem Verrechnungskonto der gesetzlichen Einlagensicherung. Und sollte das depotführende Institut pleitegehen, bleiben die Wertpapiere in Ihrem Besitz. Sie sind also nicht Gegenstand der Insolvenzmasse.

Wo bekommen Sie nun ein solches Wertpapierdepot? Das eröffnen Sie entweder bei einer Bank, Sparkasse oder einem anderen Finanzdienstleister. Die Auswahl ist groß: Das kann Ihre Hausbank um die Ecke sein, eine Direktbank, ein Online- oder Neo-Broker. Wofür Sie sich entscheiden, ist abhängig von den jeweiligen Kosten, vom Angebot und Service.

Filial- oder Direktbank?

Die Stärke von Filialbanken liegt klar im Service: Wenn Sie ein Depot bei einer Filialbank eröffnen wollen, kümmert sich Ihr Kundenbetreuer um die Formalitäten. An Ihre persönliche Betreuerin können Sie sich mit allen Fragen rund um den Wertpapierhandel wenden. Das ist natürlich ein Vorteil, gerade am Anfang.

Bei vielen Filialbanken können Anlegerinnen und Anleger sogar eine Order wahlweise mit Beratung abwickeln. Ausnahmen sind hier aber ETF: An den kostengünstigen Produkten verdienen die Banken nicht viel Geld. Daher beraten sie dazu auch kaum, gerne aber zu teuren Alternativen. Dementsprechend ist der Wertpapierhandel über klassische Filialbanken am teuersten. Bei ihnen zahlen Anleger nicht nur jährliche Verwahrentgelte für ihre Wertpapiere. Dazu kommen relativ hohe Provisionen beim Kauf und Verkauf, zumeist in Form eines prozentualen Aufschlags auf den Orderwert. Das heißt: Je höher Ihre Anlagesumme, desto höher die Kosten.

Direktbanken und reine Online-Broker sind deutlich günstiger. Dafür gibt es meist nur eine eingeschränkte oder gar keine Beratung. Direktbanken sind vollwertige Kreditinstitute, die keine Filialen betreiben. Sie wickeln ihre Bankgeschäfte telefonisch oder online ab. Das macht sie kostengünstiger als klassische Filialbanken, die mehr Geld für Personal und Miete aufwenden müssen. Online-Broker wiederum spezialisieren sich auf den Wertpapierhandel. Bei ihnen gibt es in der Regel keine Girokonten oder andere typischen Bankprodukte. Aufgrund dieser Spezialisierung können sie ihren Kundinnen und Kunden ein besonders attraktives Gebührenmodell anbieten.

Die Kontoeröffnung bei einer Direktbank oder einem Online-Broker ist nicht aufwendiger, aber Sie müssen Ihre Daten selbst eintragen. Außerdem müssen Sie Ihre Identität bestätigen lassen, mit einem sogenannten Postident- oder Videoident-Verfahren (siehe Checkliste S. 108).

→ Wertpapierdepotwechsel ist möglich

Sie können jederzeit und kostenlos Ihr Depot wechseln. In seltenen Fällen geben Depotanbieter Gebühren weiter, die ihnen selbst von Dritten in Rechnung gestellt werden. Das ist jedoch die Ausnahme. Den Depotübertrag übernimmt Ihr neues Institut, genauso wie sämtliche für die Versteuerung relevanten Daten. Das dauert in der Regel mehrere Tage. In der Zeit kommen Sie nicht an Ihre Wertpapiere heran.

Neobroker

Seit einigen Jahren gibt es auch noch die sogenannten Neobroker. Das bedeutet so viel wie „neuer Broker" und bezeichnet eine neue Generation von Online-Brokern. Zu den bekanntesten Neobrokern in Deutschland zählen Finanzen.net Zero, Justtrade, Scalable Capital und Trade Republic. Man nennt sie auch Smartphone-Broker.

Ihr wichtigstes Merkmal und zugleich Verkaufsargument: ein beinahe gebührenfreier Börsenhandel. Für Transaktionen bei Aktien und Fonds berechnen sie nur minimale Kosten. Marktführer Trade Republic

Checkliste

So eröffnen Sie ein Wertpapierdepot

- [ ] **Antrag.** Filialkunden und -kundinnen können bei ihrer Bank oder Sparkasse die Eröffnung eines Onlinedepots beantragen. Wer ETF und andere Wertpapiere lieber bei Direktbanken oder Neobrokern lagern will, lädt das Formular zur Kontoeröffnung von der Internetseite des gewählten Anbieters herunter oder füllt es direkt in der App aus. Bevor es losgeht, muss das Institut nur noch die Identität dieser Person prüfen.

- [ ] **Postident-Verfahren.** Neukunden und -kundinnen legen Personalausweis oder Reisepass sowie das Postident-Formular der Direktbank dem Schalterpersonal einer Postfiliale vor: Ihre Identität gegenüber dem Anbieter wird dann bestätigt. Einige Tage später erhalten sie per Post alle Dokumente und Daten für ihr neues Onlinedepot.

- [ ] **Videoident-Verfahren.** Mittlerweile bieten die meisten Broker und Banken auch ein Videoident-Verfahren an. Per Videochat mit einer Callcenter-Servicekraft können sich Kundinnen und Kunden von zu Hause aus legitimieren. Das dauert ungefähr zehn Minuten. Sie brauchen dafür ihren Ausweis oder Reisepass, einen Computer oder Tablet-PC mit Webcam sowie Mikrofon und natürlich eine stabile Internetverbindung. Mit der Kamera am Mobiltelefon klappt das ebenfalls.

- [ ] **Erfahrung und Kenntnisse.** In einem weiteren Schritt müssen Sie den Wertpapierhandelsbogen (WpHG) ausfüllen. Das ist gesetzlich vorgeschrieben. Darin finden sich Fragen zu Ihrer bisherigen Erfahrung mit Wertpapieren sowie zu Ihrer persönlichen Risikobereitschaft. Die Antworten darauf entscheiden, mit welchen Wertpapieren Sie handeln dürfen. Als vorsichtiger Mensch, der noch keine derartigen Erfahrungen vorzuweisen hat, sind Sie vom Handel mit hochriskanten Optionsscheinen und Zertifikaten ausgeschlossen. Den Fragebogen hat der Gesetzgeber also eingeführt, um Sie vor zu riskanten Anlagen zu schützen.

setzt auf eine Flatfee – ein pauschales Kostenmodell. Pro Order fällt nur 1 Euro an Gebühren an – unabhängig von der Anlagesumme. Das ist für Kunden im Vergleich zu einem prozentualen Aufschlag klarerweise die bessere Wahl. Bei Finanzen.net Zero und Justtrade ist der Handel für Anlegerinnen und Anleger ab einer Summe von 500 Euro sogar ganz kostenlos. Das bringt die alteingesessene Konkurrenz in Bedrängnis.

Noch dazu sind viele Neobroker für den Gebrauch auf einem Smartphone optimiert. Mit einer Neobroker-App lässt sich im Handumdrehen ein ETF kaufen und mit nur einem Klick wieder verkaufen. Kritiker bemängeln an dem Neo-Modell, dass es Anlegerinnen und Anleger dazu anregt, möglichst viel mit Aktien zu handeln. Es verleite zum Zocken und berge eine Suchtgefahr. Befürworter sprechen hingegen von einer Art „Demokratisierung des Aktienmarktes". Online- und Neobroker hätten vielen Anlegern die Welt des Tradings eröffnet, die ihnen zuvor verschlossen war.

Ihr Geld verdienen Neobroker übrigens mit Provisionen, die sie von den Handelsplätzen erhalten. Neobroker angeln Kunden und bieten beim folgenden Aktien- oder ETF-Kauf bestimmte Handelsplätze für die Order-Abwicklung an. Die Handelsplatzbetreiber entlohnen ihren Vermittler dafür.

Hier kommen wir zu einer Einschränkung gegenüber Filial- und Direktbanken: Bei Neobrokern haben Sie nur einige wenige Handelsplätze zur Auswahl – oder gar nur einen einzigen. Meist ist das die Börse LS Exchange oder Gettex. Xetra gibt es in der Regel nicht. Eine ähnliche Einschränkung betrifft die ETF-Anbieter. Wer auf der Suche nach exotischen Investments Wert auf eine größere Auswahl legt, ist hier also fehl am Platz. Dann wählen Sie besser eine Filial- oder Direktbank.

Allerdings ist das vorhandene Angebot der Neobroker für die allermeisten Anlegerinnen und Anleger mehr als ausreichend. Zudem werben Neobroker mit bestimmten ETF-Sparplänen, die für Sie besonders günstig oder ganz kostenlos sind.

→ Wofür soll ich mich nun entscheiden?

Neobroker eignen sich besonders für internetaffine Menschen, die auf Beratung und klassischen Service verzichten können. Sie bieten alle gängigen ETF. Die sehr niedrigen Kosten sind das ausschlaggebende Argument und kommen Ihrer Rendite zugute. Wer persönlichen Service bevorzug und enorme Kosten nicht scheut, ist bei Filialbanken besser dran. Direktbanken bieten keinen persönliche, aber oft telefonische Beratung. Sie sind günstiger als Filialbanken und nehmen sozusagen eine Zwischenstellung ein. Bei Direktbanken haben Sie teilweise eine größere Auswahl an ETF als bei Neobrokern.

Die besten Fonds und ETF für Ihr Portfolio

Sie haben sich für einen Broker entschieden und ein Wertpapierdepot eröffnet. Doch welcher ETF soll da hinein?

Es gibt unzählige Fonds und ETF – doch nicht alle eignen sich für vorsichtige Anlegerinnen und Anleger. Als Basisanlage empfehlen wir Ihnen einen ETF auf den globalen Börsenindex MSCI World. Auch hier gibt es nicht nur ein Produkt, sondern viele. Sie müssen allerdings nicht alle möglichen Webseiten durchforsten, um eine Entscheidung treffen zu können. Die einfachste und effizienteste Variante, den geeigneten ETF zu finden, besteht darin, das Finanztest-Rating zurate zu ziehen.

Die Expertinnen und Experten von Finanztest untersuchen jeden Monat rund 20 000 in Deutschland zugelassene Investmentfonds, aktive und ETF. Anhand von diversen Ausschluss- und Mindestkriterien wählen sie all jene aus, die für Privatanleger infrage kommen. Die Fonds müssen beispielsweise länger als fünf Jahre am Markt sein und ein Vermögen von mehr als 50 Millionen Euro verwalten. Anschließend vergibt Finanztest Punkte. Das geschieht anhand des Chance-Risiko-Profils. Je nachdem, ob der Fonds in den vergangenen Monaten Gewinne oder Verluste erwirtschaftet hat, ergibt sich daraus ein bestimmtes Verhältnis. Die Chance-Risiko-Zahl resultiert aus dem Vergleich von Fonds und Referenzindex. Ist ein Fonds genauso gut wie der Index, liegt die Zahl bei 100. Ist sie größer als 100, war der Fonds besser als der Index.

Die Kategorie „Marktnähe" ist vor allem für aktive Fonds relevant und zeigt, wie genau sich ein Fonds mit dem Markt bewegt. Ein Wert von 100 Prozent bedeutet, dass der Fonds den Index exakt abbildet. Je weiter der Fonds darunter liegt, desto mehr eigene Ideen bringt das Management ins Spiel.

Klassische, markttypische ETF, die innerhalb ihrer Gruppe möglichst breit gestreut sind, erhalten im Test das Siegel „1. Wahl". Wir empfehlen Ihnen diese ETF. Auf S. 154 im Hilfe-Teil finden Sie eine Auswahl passender ETF. Welchen ETF Sie aus der Liste wählen, macht grundsätzlich keinen Unterschied. Diese sind gleichwertig. Wählen Sie jenen ETF, den Ihre Bank oder Ihr Broker anbietet. Und kontrollieren Sie gegebenenfalls, ob der ETF sparplanfähig ist. Die entsprechende Übersicht für nachhaltige ETF finden Sie auf S. 155. Sie können auch in unserer Fondsdatenbank unter test.de/fonds nach passenden Fonds suchen.

Wo kaufen und was beachten?

Wertpapiere kaufen Sie über eine Bank oder einen Broker. Dabei können Sie auch entscheiden, wo genau diese den Auftrag ausführen sollen. So wählen Sie den richtigen Börsenplatz.

Haben Sie sich für einen ETF entschieden, müssen Sie diesen bei Ihrer Bank oder Ihrem Broker suchen und kaufen. Manchmal haben ETF bei unterschiedlichen Brokern etwas abweichende Bezeichnungen. Sie identifizieren immer den richtigen Fonds entweder mithilfe der Wertpapier-Kennnummer (WKN) oder der Internationalen Wertpapierkennnummer (Isin).

Im Kaufvorgang kann es vorkommen, dass Ihnen eine Liste mit möglichen Börsenplätzen zur Auswahl steht, über die Sie das Wertpapier erwerben können. Bei Neobrokern ist das seltener der Fall. Dort haben Sie oftmals keine Wahl. Bei Direktbanken oder Filialbanken schon.

Am wichtigsten sind hier die elektronischen Handelsplätze der Börsen selbst sowie sogenannte außerbörsliche Plattformen. Der wichtigste deutsche elektronische Handelsplatz ist jener der Deutschen Börse: Xetra (Exchange Electronic Trading). Mehr als 90 Prozent des gesamten Aktienhandels in Deutschland laufen mittlerweile über Xetra. Daneben gibt es beispielsweise das elektronische Handelssystem der Börse Düsseldorf, namens Quotrix, die Tradegate Exchange aus Berlin und Gettex aus München.

Daneben existiert auch noch der außerbörsliche Handel. Eine der größten außerbörslichen Handelsplattformen in Deutschland stammt vom Finanzdienstleister Lang

Welcher Börsenplatz soll es nun sein? Gibt es bei Ihrer Bank oder Ihrem Broker nur einen einzigen Börsenplatz, müssen Sie nichts weiter tun. Wer hingegen mehrere Plätze angeboten bekommt und Kosten sparen möchte, greift zu den außerbörslichen Plattformen. Bei ihnen sind die Gebühren im Vergleich zu Xetra tendenziell niedriger. Was sich jedenfalls nie lohnt, ist einen hierzulande erhältlichen ETF an einer ausländischen Börse wie der New York Stock Exchange (NYSE) zu kaufen. Dann müssen Sie nämlich mit höheren Handelskosten sowie steuerlichen Nachteilen rechnen.

& Schwarz. Das wichtigste Merkmal an solchen Handelsplätzen: Sie sind besonders günstig und bieten einen verlängerten Handel bis 23 Uhr und auch am Wochenende an.

Die wichtigsten Order-Typen

Einen Kauf- oder Verkaufsauftrag für Wertpapiere bezeichnet man an der Börse als Order. Davon gibt es unterschiedliche Typen. Hier das Wichtigste, was Sie zu Limit-, Market- und Stop-Order wissen sollten.

- **Limit-Order:** Beim Kauf ist grundsätzlich eine sogenannte Limit-Order empfehlenswert. Damit legen Sie den maximalen Preis fest, den Sie für ein Wertpapier bezahlen wollen. Die Limit-Order wird nur dann ausgeführt, wenn das Wertpapier zum gewünschten Kurs oder sogar günstiger angeboten wird. Das kann manchmal dauern – Minuten, Stunden, Tage. Doch wer die Zeit hat, kann damit einen besonders günstigen Kaufkurs ergattern. Wir raten für Ihren ETF-Kauf: Wählen Sie diesen Order-Typ.
- **Market-Order:** Möchten Sie, dass die Order sofort ausgeführt wird, müssen Sie „Market“ wählen. Bei einer Market-Order wird Ihr Auftrag zum nächstmöglichen Preis ausgeführt. Das gilt beim Kauf genauso wie beim Verkauf. Das ist nicht immer ratsam. Der Preis kann unter Umständen sehr deutlich von Ihrem Wunschpreis abweichen.
- **Stop-Order:** Eine Stop-Order ist sozusagen das Gegenteil einer Limit-Order. Der Kauf wird erst dann ausgeführt, wenn das Papier einen bestimmten Kurs übersteigt. Das kann sinnvoll sein, wenn Sie erst ab einem bestimmten Preisniveau einsteigen möchten. Beim Verkauf dient eine Stop-Order dazu, Verluste zu begrenzen. Dazu geben Sie direkt nach dem Kauf eine neue Stop-Order auf. Fällt der Preis des Wertpapiers künftig auf diesen Stop-Preis, wird es automatisch verkauft – dann in Form einer Market-Order. Das können Sie bei einem ETF theoretisch machen, müssen Sie als langfristig orientierte Anlegerin aber nicht.

Bei Limit- und Stop-Aufträgen müssen Sie noch einen Gültigkeitszeitraum wählen. „Tagesgültig“ bedeutet, dass der Auftrag nur für den aktuellen Tag gilt. Sie können aber auch einen Monat oder einen unbegrenzten Zeitraum wählen. ETF-Orders werden in der Regel sofort ausgeführt. Daher ist das nur für Einzelaktien – von denen wir abraten – relevant. Falls Sie sich noch fragen sollten, was der beste Zeitpunkt für den Kauf von Wertpapieren ist, dann raten wir zu den normalen Öffnungszeiten der Deutschen Börse, Montag bis Freitag, 9.00 Uhr bis 17.30 Uhr. Dann nämlich herrscht das größte Handelsvolumen, und Ihre Order wird in der Regel sofort durchgeführt.

Neobroker bieten auch den Handel nach Feierabend oder am Wochenende an. Das mag zwar bequem sein, doch dafür bezahlen Sie eine höhere Handelsspanne, sie wird auch „Geld-Brief-Spanne“ oder „Spread“ genannt. Das ist die Differenz zwischen dem höheren Kauf- und dem niedrigeren Verkaufspreis. Daran verdienen die Börsenplatzbetreiber, also ähnlich wie bei einer Geldwechselstube oder bei einem Autohändler.

Während der normalen Börsenöffnungszeiten können Sie die Handelsspanne vernachlässigen – die Differenz beträgt in der Regel weit unter 1 Prozent. Außerhalb kann der Spread weiter auseinanderklaffen.

→ Abgeltungssteuer wird automatisch abgezogen

Wenn Sie Wertpapiere mit Gewinn verkaufen oder Einnahmen aus Dividenden oder Ausschüttungen erzielen, zieht die depotführende Bank automatisch Abgeltungssteuer ab. Durch einen Freistellungsauftrag können Sie dem Abzug bis zur Höchstgrenze von 1 000 Euro pro Jahr (zusammen veranlagte Verheiratete 2 000 Euro) vorbeugen.

Sparplan und Auszahlplan

Sparpläne sind eine gute Möglichkeit, um an der Börse mitzumischen und schrittweise Vermögen aufzubauen. Damit lässt sich auch eine ordentliche Ergänzung zur Rente schaffen.

Wer jeden Monat Geld in Aktien steckt, hat auf lange Sicht gute Rendite-Aussichten. Allerdings wäre es mit monatlichen Beträgen von 50 Euro oder weniger kaum möglich, an der Börse mitzumischen. Viele Einzelaktien kosten bereits mehr als das – und gerade Vorsichtige sollten ihr Risiko breit streuen, also niemals nur eine einzige Aktie von einer Firma aus einem Geschäftsfeld kaufen.

Die Lösung: ETF-Sparpläne. Damit können Sie in monatlichen Raten in ETF einzahlen und sich so an der Entwicklung von Aktien- oder Anleihemärkten beteiligen. Das klappt bei den meisten Online-Instituten schon ab 10 oder 25 Euro pro Monat. Damit kaufen Sie immer einen entsprechend großen ETF-Anteil. Läuft es an der Börse gerade schlecht und die Kurse fallen, erhalten Sie mehr Anteile für das gleiche Geld – umgekehrt einen kleineren Anteil. Das nennt man auch Durchschnittskosten-Effekt oder „Cost-Average-Effekt“. Das ist wichtig: Durch regelmäßige und konstante Kaufraten erhalten Sie für dasselbe Geld mal mehr, mal weniger ETF-Anteile. Dadurch verlieren die starken Schwankungen, zu denen es an den Wertpapiermärkten oft kommt, an Bedeutung. In der Vergangenheit haben Sparer davon profitiert, dass sie nach einem Börsencrash ihre Anteile zu günstigen Kursen kauften und nach ein paar Jahren ein neuer Indexhöchststand erreicht wurde. Nach Berechnungen von Finanztest gab es bei Sparplänen auf den MSCI World seit Ende 1969 bei einer Spardauer von mindestens 20 Jahren keinen Fall mit einer negativen Rendite.

→ ETF-Sparpläne: Auch in Krisenzeiten eine gute Idee

Wankelmütige Börsen, massive Preissteigerungen und die aktuelle Unsicherheit angesichts der politischen Lage lassen Anleger oft zögern – aber all das sollte niemanden davon abhalten, einen ETF-Sparplan abzuschließen. Auch wer regelmäßig nur relativ kleine Beträge investiert, kann langfristig ein kleines Vermögen aufbauen und muss an die jeweils aktuelle Börsenlage keinen Gedanken verschwenden.

Flexibel und für jeden möglich

Übrigens: Mit der einmaligen Anlage in ETF können Anlegerinnen und Anleger auf lange Sicht noch höhere Renditen erzielen als mit Sparplänen. Aber der Vergleich hinkt, denn nicht jeder hat größere Beträge zur Verfügung, die er auf einen Schlag anlegen kann. Nur mit Sparplänen lässt sich eine kontinuierliche Vermögensbildung aus dem laufenden Einkommen umsetzen.

Ein weiterer Vorteil von ETF-Sparplänen: Anders als bei einem Versicherungsvertrag gehen Sie keinerlei Verpflichtung ein. Den Sparplan können Sie jederzeit beginnen und beenden, die Ratenhöhe kurzfristig verändern oder mit dem Sparen einige Zeit aussetzen. Das macht ETF-Sparpläne für so gut wie jeden Anleger und jede Anlegerin zu einer sinnvollen Strategie, also auch für Vorsichtige. Einzig und allein wer wirklich gar nicht mit zwischenzeitlichen Kursverlusten leben kann, muss sich mit festverzinstem Sparen begnügen. Eines ist allerdings klar: Wer langfristig für die Altersvorsorge sparen und sich nicht mit einer Minirendite zufriedengeben möchte, muss auch auf riskantere Anlagen setzen.

Arbeitgeber über VL beteiligen

Diejenigen, die beharrlich mit ETF sparen, haben gute Aussichten, so ein stattliches Vermögen aufzubauen. Wer 25 Jahre lang 50 Euro pro Monat einzahlt, kommt bei einer Renditeannahme von durchschnittlich 6 Prozent pro Jahr auf einen Endbetrag von rund 34 000 Euro. Bei einer ETF-Sparrate von 100 Euro pro Monat macht das 68 000 Euro. Und wer 200 Euro investiert, kann mit rund 136 000 Euro rechnen.

Arbeitnehmer können einen ETF-Sparplan auch im Rahmen der vermögenswirksamen Leistungen (VL) abschließen. Dann steuert der Betrieb etwas bei. Je größer sein Beitrag ausfällt, desto attraktiver für die Sparerin. Vor allem für junge Anlegerinnen und Anleger ist es sehr attraktiv, ihre VL-Leistungen in einen ETF-Sparplan zu stecken. Geringverdiener mit einem zu versteuernden Jahreseinkommen von weniger als 20000 Euro können zudem einen Zuschuss vom Staat erhalten.

Gewichtung und Kosten im Blick behalten

Vergessen Sie nicht Ihre Depot-Gewichtung. Als vorsichtige Anlegerin, die sich am Pantoffel-Portfolio orientiert, besteht Ihr Portfolio zu 25 Prozent aus einem Aktien-ETF und zu 75 Prozent aus sicheren Zinsanlagen. Ihren Sparplanbetrag müssen Sie entsprechend aufteilen. Haben Sie beispielsweise 100 Euro monatlich verfügbar, gehen 75 Euro aufs Tagesgeldkonto und 25 Euro in den Aktien-ETF. An der oben erwähnten Aktienmarktrendite von 6 Prozent nehmen Sie mit einem defensiven Depot zu einem Viertel teil.

Wenn der Aktienanteil mit der Zeit mehr als 35 oder weniger als 15 Prozent beträgt, sollten Sie nachjustieren. Das heißt: Ist der Aktienanteil zu groß, lenken Sie für mehrere Monate den Sparplan komplett ins Tages- und Festgeld, bis die Portfolio-Mischung wieder 25/75 beträgt. Ist dagegen der Aktienanteil zu klein, lenken Sie den gesamten Sparplanbetrag in den Aktien-ETF, bis die gewünschte Mischung wieder erreicht ist.

Alternativ können Sie auch bei einem zu großen Aktiengewicht ein paar der ETF-Anteile verkaufen und das Geld auf Ihr Tagesgeldkonto überweisen. Hierbei entstehen Handelskosten und es fallen eventuell Steuern an, daher empfehlen wir grundsätzlich bei Sparplänen, das Portfolio durch Umlenken der Sparplanraten mit der Zeit auszubalancieren. Mehr über die passende Portfoliostrategie später ab S. 122.

Was die Kosten anbelangt, so sind ETF-Sparpläne bei Direktbanken und Neobrokern die beste Wahl.

Für Vorsichtige empfehlen wir vor allem Sparpläne auf den Weltaktienindex MSCI World oder auf nachhaltige Varianten davon. Das sind Basis-Investments und Voraussetzung für das Pantoffel-Portfolio. Es reicht hier aus, die Sparplanrate für den Renditebaustein in einen ETF zu lenken, Sie brauchen nicht mehrere breit gestreute ETF.

Was die Kosten anbelangt, so sind ETF-Sparpläne bei Direktbanken und Neobrokern die beste Wahl. Bei einigen von ihnen sind bestimmte Sparpläne kostenlos. Dann fließt Ihr Sparbetrag ohne Abzüge in den gewählten Fonds.

Auch Auszahlpläne sind möglich

Mit ETF lassen sich nicht nur Spar-, sondern auch Auszahlpläne realisieren. Mit einem ETF-Auszahlplan, auch ETF-Entnahmeplan genannt, können Sie Ihre Geldanlage mit regelmäßigen Auszahlungen kombinieren.

Die Vorteile: Sie sind flexibler als bei einer Rentenversicherung. Anlegerinnen und Anleger können jederzeit auch größere Summen entnehmen, wenn sie Geld brauchen, beispielsweise um ihre Wohnung barrierefrei umzubauen. Sie gehen keine vertragliche Verpflichtung ein und können auch später noch beim Versicherer eine Sofortrente abschließen. Sie steuern das Risiko und die Renditechancen Ihrer Geldanlage selbst und können die Laufzeit verkürzen oder verlängern.

Der Nachteil: Es gibt keine garantierten lebenslangen Zahlungen wie bei einer Rentenversicherung. Wenn das Geld aufgebraucht ist, geht nichts mehr. Sie müssen also sehr gut planen.

Besser mit Sicherheitsbaustein

Bei Entnahmeplänen stehen Ihnen grundsätzlich zwei Varianten zur Auswahl:

- **Erstens** ein klassischer ETF-Auszahlplan, wie ihn Banken sozusagen vorgefertigt anbieten.
- **Zweitens** die Pantoffel-Strategie, bestehend aus den zwei Bausteinen ETF und Tagesgeld. Das ist die Variante, die wir empfehlen, weil sie einen Sicherheitspuffer enthält.

Bei einem klassischen ETF-Auszahlplan verkaufen Sie regelmäßig Ihre angesparten ETF-Anteile und überweisen den Ertrag auf Ihr Girokonto. Dabei müssen Sie sich entscheiden, ob Sie lieber monatlich einen festen Geldbetrag oder eine feste Anzahl an ETF-Anteilen entnehmen.

Ein fester Betrag bedeutet ein planbares Einkommen. Da Aktienkurse schwanken, müssen Sie vor jeder Auszahlung die notwendige Stückzahl berechnen (inklusive Abgeltungssteuer), die Sie verkaufen müssen, um auf den gewünschten Betrag zu kommen. Das heißt auch: Sind die Aktienmärkte gerade in einer Tiefphase, müssen Sie mehr ETF-Anteile verkaufen als in Hochphasen. Dabei laufen Sie Gefahr, dass Ihr Kapital schneller dahinschmilzt als geplant.

Wer hingegen nicht einen monatlich gleichbleibenden Geldbetrag entnimmt, sondern stets die gleiche Anzahl an ETF-Anteilen verkauft, umgeht diese Problematik. Dafür können Sie aber nicht mit gleichbleibenden Einnahmen rechnen. Variante eins, der klassische Auszahlplan, ist renditeorientiert und bietet nur wenig Sicherheiten.

Die zweite Variante bildet der Auszahlplan mit der Pantoffel-Strategie. Sie ist deutlich besser geeignet, vor allem für vorsichtige Anlegerinnen und Anleger. Hierbei verkaufen Sie nicht regelmäßig ETF-Anteile, sondern verrenten das Geldvermögen, das Sie mit Ihrem Pantoffel-Portfolio aufgebaut haben. Der Vorteil daran: Sie können mit einer gleichbleibenden monatlichen Rente kalkulieren und profitieren trotzdem von der attraktiven Rendite am Aktienmarkt. Das Ganze funktioniert so:

- **Kassensturz.** Legen Sie die Summe fest, die Sie verrenten wollen. Das kann das gesamte oder ein Teil des Vermögens sein, welches Sie mit Ihrem ETF-Sparplan langfristig aufgebaut haben. Also die Summe aus Tagesgeld und Vermögen im Aktien-ETF.
- **Risikotyp.** Vorsichtige Anleger, die bereits auf das Modell des Pantoffel-Portfolios gesetzt haben, bleiben bei der Gewichtung von 25 Prozent Aktien-ETF und 75 Prozent Tagesgeld. Sie können aber auch auf eine andere Variante umstellen, etwa das ausgewogene Portfolio, also 50:50. Egal für welche Gewichtung Sie sich entscheiden: Diese sollte während der gesamten Rentenperiode beibehalten werden.
- **Laufzeit.** Kalkulieren Sie nicht zu knapp, damit das Geld auch reicht, wenn Sie steinalt werden. Wir empfehlen, den Auszahlplan auf 30 Jahre anzulegen, wenn Sie im Alter von 65 Jahren damit starten.
- **Monatliche Auszahlungen.** Die Höhe der monatlichen Rente festzulegen ist wahrscheinlich die größte Herausforderung. Sie ist abhängig von Ihrem Startkapital, das Sie bis zum Rentenbeginn angespart haben, der Laufzeit und der jeweiligen Börsenphase. Wir empfehlen Ihnen, den Entnahme-Rechner von Finanztest zu nutzen. Dieser kalkuliert bereits einen Verlustpuffer mit ein. Damit müssen Sie bei schwankenden Börsenphasen nicht jedes Mal alles neu berechnen.
  Die anfänglichen Auszahlungen laufen ein Jahr, dann sollten Sie aber trotzdem nachjustieren. Schließlich arbeiten Ihre ETF-Anteile weiter. Damit wächst im Optimalfall ein Teil Ihres Vermögens auch während der Rente. Dann können Sie sich mehr auszahlen.
- **Überweisungen.** Beim Entnahmeplan des Pantoffel-Portfolios überweisen Sie die monatlichen Auszahlungen von Ihrem Tagesgeldkonto auf Ihr Girokonto. Das klappt einfach mit einem Dauerauftrag und ist kostenlos. Dadurch wird aber das Geld auf Ihrem Tagesgeldkonto beständig weniger. Die Gewichtung gerät durcheinander. Daher wird es notwendig werden, Aktien-ETF-Anteile zu verkaufen und die Erträge auf das Tagesgeldkonto manuell zu überweisen. Wie lange das Geld auf Ihrem Tagesgeldkonto ausreichen wird, können Sie ganz einfach anhand der monatlichen Auszahlungen berechnen. Das macht die Pantoffel-Strategie gut kalkulierbar.

▶ Sie wollen die monatliche Rate für Ihren Entnahmeplan mit Sicherheitspuffer ausrechnen? Nutzen Sie den Online-Rechner von Finanztest: test.de/entnahmerechner. Er wird monatlich aktualisiert.

Anlagestrategien

Es geht ans Eingemachte: Sie kennen jetzt die möglichen Anlageinstrumente und Produktgattungen. Nun entwickeln Sie eine passende Anlagestrategie. Keine Angst: Das geht auch bequem – mit unserem Pantoffel-Portfolio.

Am Beginn dieses Kapitels steht ein womöglich etwas enttäuschendes Eingeständnis: Es gibt eigentlich keine speziellen Anlagestrategien für Vorsichtige. Die Grundlagen einer erfolgreichen Anlagestrategie gelten nämlich unabhängig von Risikoneigung, Risikotragfähigkeit und anderen Faktoren. Beispielsweise ist es immer und überall ein Gebot der Klugheit, bei der Geldanlage breit zu streuen und zu mischen, um sich nicht vor einem einzigen Produkt oder einer einzelnen Anlageklasse abhängig zu machen.

Auch ein langer Atem zahlt sich für jede Anlegerin und jeden Anleger aus, weil sich so Zinseszinseffekte nutzen und Schwankungen reduzieren lassen. Ganz unabhängig von persönlichen Neigungen oder Renditevorstellungen ist es schließlich ebenso sinnvoll, einmal im Jahr seine Finanzen zu ordnen und zu warten, um zu überprüfen, ob noch alles passt oder ob man an der einen oder der anderen Stelle nachsteuern sollte, um in Balance zu bleiben.

Warum dann also überhaupt dieses Kapitel? Ganz einfach: weil so eine Strategie ja auch mit Leben gefüllt sein will. Und bei der Wahl der passenden Anlageprodukte und Komponenten unterschieden sich die Vorstellungen an Ansprüche unterschiedlicher Anlegertypen dann zum Teil doch erheblich. So können dieselben Grundsätze tatsächlich zu ganz unterschiedlichen Anlageportfolios führen. Und genau die wollen wir Ihnen auf den kommenden Seiten näher vorstellen.

Das Mehr-Topf-Modell der Geldanlage

Eines vorneweg: Bevor Sie sich in die Geldanlage stürzen, sollten Sie einen Kassensturz machen und überlegen, wie viel Geld Sie im Alltag brauchen und wie viel Sie investieren können.

Terrassenmodell nennen es die einen, in Anlehnung an die präzise übereinander gesetzten Reisterrassen in Südostasien. Andere sprechen vom Mehr-Topf-Modell. Wieder andere nehmen Schalen oder Becher zur Hand, um zu erklären, wie es funktioniert. Egal zu welchem Hilfsmittel oder welcher Metapher man greift, die Botschaft ist stets dieselbe: Wer langfristig Geld anlegen will, sollte vorher seinen kurz- und mittelfristigen Finanzbedarf klären und berücksichtigen. Denn es ist Gift für den langfristigen Vermögensaufbau, wenn man immer wieder ins Depot greifen muss, um kurzfristig anderswo finanzielle Löcher zu stopfen. Genauso schädlich fürs Portemonnaie wäre es, einen Kredit für den Urlaub aufzunehmen, während man anderswo Geld für später zurücklegt.

Die Lösung liegt nahe, machen Sie einen schrittweisen Finanzplan: Im ersten Schritt bleibt Geld, das Sie für kurzfristige Ausgaben benötigen, auf dem Konto. Dazu gehört neben den planbaren regelmäßigen Einnahmen und Ausgaben auch ein kleines finanzielles Kissen von zwei bis drei Netto-Monatsgehältern. Das Geld sollten Sie möglichst immer verfügbar haben für außergewöhnliche oder ungeplante Ausgaben: die neue Waschmaschine, die Autoreparatur, die Klassenfahrt. Parken können Sie diese Reserve am besten auf einem Tagesgeldkonto.

Haben Sie einen Puffer aufgebaut, geht es weiter mit dem zweiten Schritt: Hier sparen Sie für größere Anschaffungen wie das neue Auto, den Traum der großen Reise, die Ausbildung der Kinder oder vielleicht den Kauf einer Wohnung.

Schließlich folgt Schritt drei: Es bleibt hoffentlich noch etwas Geld übrig für die Altersvorsorge. Der Vermögensaufbau für das Alter ist eine Lebensaufgabe – und voraussichtlich das langfristigste Sparziel, das Sie verfolgen.

Wichtig: Müssen Sie zwischendurch mal an Ihr Tagesgeldkonto gehen, füllen Sie es danach zuerst wieder auf, bevor Sie bei Schritt 2 und 3 weitermachen. So können Sie strukturiert und Schritt für Schritt für Ihre langfristigen Ziele sparen – ohne kurzfristig in Geldnot zu geraten.

Entscheidender Spar-Turbo: Der Zinseszinseffekt

Eines der mächtigsten Instrumente, um Geld zu vermehren, ist die Tatsache, dass sich Geld, das man einmal zugewonnen hat, in der Zukunft mitvermehrt: Wer heute 100 Euro in Aktien-ETF anlegt, die in einem Jahr 5 Prozent an Wert zulegen, besitzt danach Aktien-ETF im Wert von 105 Euro. Steigt nun der Aktienkurs im Folgejahr noch einmal um 5 Prozent, setzt bereits der Zinseszinseffekt ein: Da nun 5 Euro mehr an Kapital zur Verfügung stehen, stehen am Ende nicht nur 110 Euro, sondern 110 Euro und 25 Cent zu Buche.

Nach zehn Jahren mit jeweils 5 Prozent Rendite sind dank des Zinseszinseffekts aus anfänglich 100 Euro nicht bloß 150 Euro geworden, sondern schon 162,89 Euro. Nach zwanzig Jahren sind es sogar 265,33 Euro. Und wer 30 Jahre lang 5 Prozent Rendite erwirtschaften kann, der hat aus 100 Euro ohne weiteres Zutun 432,19 Euro gemacht – im Schnitt also jedes Jahr über 11 Euro dazuverdient. Wer den Zinseszinseffekt selbst berechnen will, kann das ganz einfach mit dem Taschenrechner machen. Der Wertzuwachs berechnet sich nicht als Summe der jährlichen Rendite, sondern als Produkt. Es wird also nicht addiert, sondern multipliziert. Der Rechenweg sieht so aus: Bei 5 Prozent Rendite gilt im ersten Jahr für die Wertsteigerung der Faktor 1,05. Im zweiten Jahr lautet der Faktor 1,05 x 1,05 = 1,1025. Im dritten Jahr kommt ein weiterer Multiplikator hinzu: 1,05 x 1,05 x 1,05 = 1,157625. Sie sehen schon: Am Anfang ist der Effekt nur in den Nachkommastellen erkennbar. Das ändert sich aber von Jahr zu Jahr. Probieren Sie es selbst mal aus!

Für Einsteiger: Das Pantoffel-Portfolio

Profis von Finanztest haben das Konzept Pantoffel-Portfolio entwickelt. Es ist einfach und bequem. Prima für Vorsichtige, weil es einen Sicherheits- und einen Renditebaustein kombiniert.

Das Pantoffel-Portfolio ist günstig und bequem. Es besteht aus breit gestreuten Aktienfonds und Zinsanlagen. Wenn Sie es umsetzen wollen, benötigen Sie dafür lediglich ein Tagesgeldkonto und ein Wertpapierdepot bei einer Bank. Sie können das Pantoffel-Portfolio als Sparplan nutzen. Sie können im Pantoffel-Portfolio einmalig eine bestimmte Summe anlegen. Oder Sie können es auch als Auszahlplan für eine regelmäßige Zusatzrente im Alter gestalten. Schließlich lässt es sich mit der Variante Öko-Pantoffel auch noch mit nachhaltigen Zielen kombinieren.

Dabei ist ein Pantoffel-Portfolio äußerst pflegeleicht. Sind die Bausteine ausgewählt, können Sie sie behalten oder jederzeit an den ursprünglich gewünschten Stand oder an neue Ziele anpassen. Beim möglichst jährlichen Depotcheck hilft auch ein online verfügbarer Vergleichsrechner der Stiftung Warentest: test.de/pantoffelmethode

Die Grundidee für das Pantoffel-Portfolio ist so einfach wie effektiv: Wer sparen will, braucht Aktienfonds für die Rendite, Zinsanlagen für die Sicherheit und eine gute Portion Ausdauer, um Zinseszinseffekte nutzen und kurzfristige Schwankungen aussitzen zu können. Die Frage, die jetzt noch offen ist, um Ihr persönliches Pantoffel-Portfolio aufzubauen, lautet: Wie verteile ich mein Geld auf die beiden Anlageklassen Aktienfonds und Zinsanlagen?

Drei Anlegertypen im Vergleich

Hier kommt nun der Unterschied zwischen unterschiedlichen Anlegertypen zum Tragen. Bei offensiven Anlegern rechnen wir mit 75 Prozent Aktienanteil und 25 Prozent Zinsanlagen, eine ausgewogene Anlagestrategie teilt das Geld 50:50 auf. Für Vorsichtige empfehlen wir eine defensive Ausrichtung mit 25 Prozent Aktien und 75 Prozent Zinsanlagen. Das aber hängt auch von der Spardauer ab: Auf Sicht von 30 Jahren wäre es beispielsweise auch mit einer vorsichtigen Strategie möglich, den Aktienanteil maßvoll anzuheben, um die Renditechancen zu erhöhen. Der Grund: Die Schwankungen und Verlustrisiken am Aktienmarkt waren in der Vergangenheit auf lange Sicht stets deutlich niedriger als auf kurze.

Für vorsichtige und risikobereite Anleger gleichermaßen geeignet

Das Pantoffel-Portfolio gibt es in drei Varianten – je nach persönlicher Risikoeinstellung. Als Aktienbaustein kommen ETF auf international breit gestreute Indizes wie den MSCI World infrage, als Zinsbaustein Tagesgeld; Rentenfonds sind wegen Zinsänderungsrisiken derzeit nur eingeschränkt geeignet.

Quelle: Finanztest

Der 100 000-Euro-Plan

Machen wir es konkret: Eine Berufseinsteigerin will früh beginnen, Geld für später zurückzulegen. Erfahrung mit Aktien hat sie schon gemacht, allerdings keine guten. Sie hat wie einige junge Menschen mit Einzelwerten spekuliert und Geld verloren. Jetzt will sie lieber vorsichtig sein. Sie hat geerbt und plant, einen Teil des Erbes zur Seite zu legen. Dazu wählt sie ein defensives Pantoffel-Portfolio mit einer Aktienquote von 25 Prozent. Wie viel muss sie heute zurücklegen, um in 10, 20 oder 30 Jahren 100 000 Euro Vermögen aufzubauen? Die Tabelle auf S. 125 zeigt anhand von Werten aus der Vergangenheit, welche Anlagesummen nötig waren, um das Ziel zu erreichen. Maßgeblich für die Berechnung sind dabei historische Anlageergebnisse aus den Jahren 1970 bis 2020. Es gibt natürlich keine Garantie dafür, dass es an der Börse auch in Zukunft ähnlich weitergeht. Aber auch keinen Grund, grundsätzlich daran zu zweifeln.

Außerdem unterscheiden wir noch einmal nach vier Zielen:

- **Mindestens 100 000 Euro am Ende.** Der Betrag, mit dem die Anlegerin im Berechnungszeitraum auch im schlechtesten Fall zum Schluss mindestens auf 100 000 Euro kam. Meistens war es übrigens deutlich mehr.
- **Genau 100 000 Euro während der Anlagedauer.** Der Betrag, mit dem die Anlegerin auch im schlechtesten Fall irgendwann im Lauf der Zeit 100 000 Euro erreichte. Hatte sie dieses Ziel erreicht, schichtete sie alles ins Tagesgeld um, um den Erfolg abzusichern.
- **Durchschnittlich 100 000 Euro.** Der Betrag, mit dem sie ihr Anlageziel am Ende der Laufzeit in 50 Prozent aller Fälle mindestens erreicht hätte.
- **Bestenfalls 100 000 Euro.** Der Betrag, mit dem sie im besten Fall das Anlageziel am Ende der Laufzeit noch erreicht hätte.

Die Tabelle auf der rechten Seite zeigt, dass sie rund 51 500 Euro hätte zurücklegen müssen, um ihr Sparziel von 100 000 Euro während der vergangenen 50 Jahre innerhalb von 30 Jahren im Schnitt zu erreichen. Der Test im Rückspiegel zeigt übrigens: Selbst im schlimmsten Fall hätte sie mit 59 600 Euro Anfangskapital, also nur etwas mehr, ihr Sparziel erreicht (Spalte „Mindestens 100 000 Euro"). Natürlich können wir nicht garantieren, dass es in Zukunft nicht doch einmal schlechter laufen könnte als in den vergangenen 50 Jahren. Aber die Wahrscheinlichkeit dafür schätzen wir als äußerst gering ein.

Für eine Berufsanfängerin sind mehr als 50 000 Euro Einmalanlage viel Geld. So viel von ihrem Erbe muss sie aber nicht zurücklegen, wenn sie ihre Strategie anpasst – und ihren Aktienanteil und damit ihre Renditechancen erhöht. Auch das zeigt die Tabelle. Teilt sie das Geld nämlich je zur Hälfte auf Aktien und Tagesgeld auf, braucht sie nur ein Anfangskapital von 27 900 Euro, um im Schnitt das Ziel zu erreichen – und 37 100 Euro genügen, um selbst im schlechtesten Fall auf 100 000 Euro zu kommen. Vorsicht ist also nicht nur eine Frage des Aktienanteils, sondern auch des ausgerufenen Ziels.

Auch das zeigt die Tabelle: Bei einer Laufzeit von 30 Jahren könnte sie noch mehr Aktien wagen und ihr Geld statt in ein ausgewogenes in ein offensives Depot stecken. Bei einer Aktienquote von 75 Prozent lag die Anfangsinvestition für das Anlageziel von mindestens 100 000 Euro nach 30 Jahren dann nur noch bei rund 24 100 Euro. Selbst ein reine Aktienanlage wäre für die Berufseinsteigerin bloß mit einem begrenzten Risiko verbunden, solange sie sich genug Zeit lässt, um zwischenzeitliche Schwankungen auszusitzen – und solange sie dabei auch ruhig schlafen kann. Dabei reduziert sich das nötige Anfangskapital noch einmal deutlich auf nur noch 16 300 Euro – weniger als ein Drittel gegenüber dem 25-Prozent-Aktienanteil für ein defensives Portfolio.

Der Zinsanteil

Für den Zinsanteil bietet sich ein Tagesgeldkonto an. Das ist so flexibel wie ein Girokonto und meist besser verzinst als ein Sparbuch. Der Zinssatz ist üblicherweise nicht festgelegt, und die Bank kann ihn jederzeit ändern. Die Alternative dazu sind Festgeldkonten, bei denen der Zins für die gewählte Anlagedauer festgeschrieben ist und deshalb meist höher liegt. Die aktuellen Tagesgeldkonten und Zinsentwicklungen sind überaus dynamisch. Aktuelle Konditionen gibt es im Tagesgeld- und Festgeldvergleich im Internet unter test.de/zinsen.

Der Aktienanteil

Für den Aktienanteil im Pantoffel-Portfolio setzen wir kostengünstige ETF ein, also börsengehandelte Fonds, die einen Index abbilden (siehe „Aktien-ETF", S. 45). Auch hier machen wir es uns wieder besonders einfach und wählen als Basis einen weltweit

100 000 Euro mit einer Einmalanlage

Die Tabelle zeigt anhand der Vergangenheitswerte, wie viel Geld Sparer anlegen müssen, um 100 000 Euro zu erreichen – je nach Aktienquote, Laufzeit und Sparziel.

Aktienquote (Prozent)	**Einmaliger Betrag** (Euro), **um folgendes Sparziel zu erreichen**			
	Mindestens 100 000 Euro[1]	**Genau 100 000 Euro**[2]	**Durchschnittlich 100 000 Euro**[3]	**Höchstens 100 000 Euro**[4]
Anlagedauer 10 Jahre				
0	100 000	100 000	100 000	100 000
25	108 900	102 400	80 000	62 200
50	120 500	105 800	65 100	39 400
75	135 700	110 500	53 700	25 500
100	155 300	116 400	45 100	16 700
Anlagedauer 20 Jahre				
0	100 000	100 000	100 000	100 000
25	85 000	81 500	66 400	45 000
50	74 100	68 000	45 700	21 000
75	66 200	58 000	32 600	10 200
100	60 800	50 700	24 000	5 100
Anlagedauer 30 Jahre				
0	100 000	100 000	100 000	100 000
25	59 600	59 300	51 500	43 100
50	37 100	36 700	27 900	19 500
75	24 100	23 700	15 900	9 300
100	16 300	16 000	9 600	4 600

Zahlen sind auf volle 100 gerundet. Beträge sind unter Berücksichtigung von Kauf- und Fondskosten berechnet, siehe test.de/100k/methodik.

1) Der kleinste Betrag, mit dem Anleger auch im schlechtesten Fall am Ende der Laufzeit 100 000 Euro erreichten, in den anderen Fällen jedoch mehr.

2) Der kleinste Betrag, mit dem Anleger auch im schlechtesten Fall während der Spardauer 100 000 Euro erreichen konnten. Hatten sie das Ziel erreicht, mussten sie alles ins Tagesgeld umschichten.

3) Anleger haben damit das Sparziel am Ende der Laufzeit in 50 Prozent aller Fälle mindestens erreicht.

4) Im besten Fall haben Anleger das Sparziel am Ende der Laufzeit mit diesem Betrag erreicht.

Quellen: Refinitiv, eigene Simulationen
Untersuchungszeitraum: 31.12.1969 bis 31.12. 2020

angelegten Aktien-ETF. Er bildet das Basisinvestment für den Renditebaustein im Depot. Hier bietet sich ein ETF auf den MSCI World Index an, mit dem Anleger alle wichtigen Aktien der Industrieländer im Depot haben. Solche Welt-ETF gibt es zu sehr geringen Gebühren bei allen führenden Anbietern, die Unterschiede sind verschwindend gering. Das ist der „Welt-Pantoffel", der sich vor allem auch für Börsenneulinge eignet. Wer mag, kann noch weitere ETF beimischen, nötig ist das aber nicht.

→ Der MSCI World

Der Weltindex zeichnet die Wertentwicklung von rund 1 500 Aktien aus 23 Industriestaaten nach und deckt damit rund 85 Prozent des westlichen Marktes ab. Das macht ihn zur wichtigsten Basisanlage für den Risikobaustein im Pantoffel-Portfolio.

Was man wissen sollte: Der Index ist stark von US-Aktien dominiert, denn die Börsenplätze in den USA sind die größten der Welt. Dementsprechend machen die USA mit rund 70 Prozent den größten Anteil am MSCI World aus, gefolgt von Japan (6 Prozent), Großbritannien (4), Kanada (3) und Frankreich (3). Deutschlands Aktiengesellschaften haben aktuell einen Anteil von etwa 2 Prozent.

Langfristig hätten Anleger mit einem Investment in den MSCI World seit Beginn der Berechnung 1970 bis Mitte 2022 fast 6 000 Prozent Wachstum erzielt. Das entspricht einer Rendite von rund 8 Prozent pro Jahr.

Die Öko-Pantoffel

Eine Alterative zum Welt-Pantoffel-Portfolio bildet ein nachhaltiges Welt-Pantoffel-Portfolio. Dabei kommen ETF zum Einsatz, die auf spezielle ESG-Kriterien achten und Unternehmen meiden, die die Umwelt schädigen oder schlecht gemanagt sind (siehe „Nachhaltig und sicher“, S. 89). Die Rendite mit einem solchen alternativen Portfolio war in den vergangenen Jahren sehr ähnlich, in einigen Zeiträumen sogar besser als die des konventionellen Welt-Portfolios.

Ähnlich erfreulich fiel das Ergebnis mit Varianten für Pantoffel-Portfolios mit Anlage in Europa oder in Schwellenländern aus. Auch hier erzielten die nachhaltigen Strategien über drei Jahre und länger höhere Renditen als die jeweiligen klassischen Pantoffel-Portfolios.

Eine sogenannte Super-ESG-Pantoffel-Variante, bei der wir den Renditebaustein aus einem ETF auf einen nachhaltigen Weltaktienindex mit einem ETF gemischt haben, der auf Aktien der Neue-Energien-Branche setzt, brachte in einer Simulationsrechnung zuletzt ebenfalls in allen möglichen Anlagezeiträumen die beste Rendite.

Einschränkend muss man hinzufügen, dass die Verlustrisiken mit nachhaltigen Strategien etwas höher waren als mit den konventionellen, wie sich an den schlechtesten Einjahresrenditen ablesen lässt, die bei den nachhaltigen Portfolios durchweg etwas schlechter ausfielen als mit den konventionellen Ansätzen. Auch die Einjahresperformance war durchweg schwächer. Beides deutet darauf hin, dass eine nachhaltige Anlagestrategie mit höheren Schwankungen einhergeht, Sie also bessere Nerven brauchen. Rendite hat das gute Gewissen

Ausgewogene Pantoffel-Portfolios: Klassisch versus Nachhaltig

Pantoffel-Portfolio	Rendite (% p. a.)					Schlechteste Einjahresrendite (%)	Umschichtungen (Anzahl)*
	10 Jahre	7 Jahre	5 Jahre	3 Jahre	1 Jahr		
Welt-Pantoffel: Industrieländer							
Klassisch	6,0	4,7	4,8	3,5	–6,2	–7,2	2
Nachhaltig	6,5	5,6	5,4	3,9	–8,5	–8,6	3
All-World-Pantoffel: Industrie- und Schwellenländer							
Klassisch	5,5	4,5	4,2	2,9	–6,3	–7,1	2
Nachhaltig	6,0	5,1	5,0	3,5	–8,5	–10,1	2
Europa-Pantoffel							
Klassisch	3,7	2,8	2,3	1,7	–4,5	–6,9	1
Nachhaltig	4,7	3,3	3,6	2,0	–6,7	–7,0	2
Tigerpantoffel: Industrieländer + Schwellenländer							
Klassisch	5,2	4,4	4,0	2,7	–6,4	–6,9	2
Nachhaltig	5,7	5,0	4,7	3,3	–8,5	–9,9	2
Super-ESG-Pantoffel: Industrie- und Schwellenländer + Neue Energien							
Nachhaltig	6,4	5,6	6,9	5,3	–6,7	–8,3	3

*Bezieht sich auf 10-Jahreszeitraum

Quellen: Refinitiv, eigene Simulationen. Stand: 1. Januar 2023

auf längere Sicht in der jüngeren Vergangenheit aber kaum je gekostet.

Einmal jährlich zur Inspektion

Wichtig für das Pantoffel-Portfolio ist ein regelmäßiger Check: Denn die Anteile von Zins- und Renditebaustein verändern sich im Lauf der Zeit von ganz allein. Wenn beispielsweise die Aktienmärkte sehr gut laufen, steigt automatisch der Wert der Aktien-ETF im Depot, sodass der Anteil des Zinsbausteins am Portfolio sinkt. Lassen Sie das einfach laufen, kann das die Anlagestrategie nach und nach aus dem Gleichgewicht bringen. Daher sollten Sie ETF-Anteile verkaufen und den Zinsbaustein aufstocken, wenn die Aktienkurse stark gestiegen sind. Umgekehrt kaufen Sie ETF-Anteile zu, wenn die Börsenkurse sinken, sodass der Zinsbaustein ein höheres Gewicht im Depot bekommt.

> **Wer häufiger umschichtet, produziert unnötig hohe Kosten und gewinnt wenig hinzu.**

Es reicht aus, wenn Sie einmal im Jahr die Anteile überprüfen und sie dann auch erst wieder in die Ausgangslage zurückbringen, wenn die Mischung um mehr als zehn Prozentpunkte vom Soll abweicht. Beim defensiven Pantoffeldepot wäre das also der Fall, wenn der Aktienanteil unter 15 oder über 35 Prozent liegt. Wer häufiger oder schneller umschichtet, produziert unnötig hohe Kosten und gewinnt wenig hinzu.

Ratensparer müssen sogar gar nicht in den Bestand eingreifen. Hier reicht es einfach, bei den folgenden Sparraten so lange auf die Anlageklasse umzuschichten, bis die Balance wiederhergestellt ist. Der zusätzliche Charme an diesem Vorgehen: Sie handeln automatisch antizyklisch. Das bedeutet: Sie kaufen Aktien nach, wenn diese günstig sind, und kaufen anderes zu, wenn sie teuer sind.

Die großen Unbekannten: Steuern und Inflation

Natürlich beeinflussen Steuern und auch die Inflation den realen Ertrag, den Anlegerinnen und Anleger mit einem Pantoffel-Portfolio erzielen können. Die genaue Entwicklung dieser Renditefresser kennt aber niemand. So unterliegen Kapitalerträge einer Abgeltungssteuer von 25 Prozent – ob es diese aber in 30 Jahre noch gibt und wie hoch sie dann womöglich ist, lässt sich nicht vorhersehen.

Auch die Inflation kann auf lange Sicht niemand prognostizieren. Relevant ist hier allerdings, dass Sachwerte wie Aktien zumindest teilweise gegen die Folgen der Inflation schützen können. Das zeigen Untersuchungen der langfristigen realen Renditen unterschiedlicher Anlageformen, also des Ertrags nach Abzug der Inflation. Hier schnitt in den vergangenen Jahrzehnten die weltweite Aktienanlage am besten ab.

Für die Geldanlage gilt daher: Faktoren wie künftige Steuern oder die Inflation, die man nicht kennen und noch weniger beeinflussen kann, sollten für die Wahl der Anlagestrategie keine entscheidende Rolle spielen. Darum sind auch Anlagestrategien, die einzig und allein auf eine Steuerersparnis setzen, auf Dauer untauglich.

▶ **Ein Strategiebegleiter für Anfänger und Fortgeschrittene ist der Ratgeber „Anlegen mit ETF". Mit vielen Sparpläne-Tipps und mehr. Erhältlich unter test.de/shop.**

Für Fortgeschrittene: Portfoliosteuerung nach Risiko

Mit einem defensiven Pantoffel-Portfolio sind Sie auf der sicheren Seite. Wollen Sie tiefer eintauchen in die Strategien der Profis? Dann lautet der entscheidende Faktor: Risiko.

In welche Wertpapiere soll man nun sein Geld anlegen? Es ist nicht klug, sein Erspartes in einige wenige Papiere zu stecken. Hat man Pech, rauschen die Kurse in den Keller oder eines der Unternehmen, dessen Aktien oder Anleihen man hält, geht pleite – und weg ist ein Großteil des Vermögens. Wer andererseits seine Geldanlage in viele Kleinbeträge splittet und womöglich schon bei den kleinsten Anzeichen von Kursschwankungen umschichtet, macht es auch nicht besser, denn jede Order – also jeder Wertpapierkauf und -verkauf – kostet Geld. Die Kosten unterscheiden sich nach Volumen, auch hat jede Bank eigene Preisvorstellungen. (Mehr dazu siehe „Einfach, sicher und preiswert investieren" ab S. 105.)

Es gibt also handfeste Gründe, sich zuerst einmal mit seiner Anlagestrategie zu befassen, bevor man draufloskauft, womöglich unnötige Kosten verursacht oder hohe Klumpenrisiken eingeht. Eine kluge Anlagestrategie kann aber noch viel mehr leisten: Sie kann dafür sorgen, dass das eigene Geld sich bei aller Unsicherheit, die Kapitalmärkte nun mal mit sich bringen, optimal vermehrt. Dabei können Sie von den Erfahrungen und Erkenntnissen professioneller Investoren profitieren.

Das Allerwichtigste: Streuen

Die Arbeit beginnt mit ein wenig Theorie – und einer nobelpreiswürdigen Grunderkenntnis: Viele Anleger und Anlegerinnen neigen dazu, mit ihrem Geld nur auf jene Wertpapiere zu setzen, die den höchsten Ertrag versprechen. Wer sich grundsätzlich für Aktien interessiert, könnte gemäß dieser Überlegung zum Beispiel eine Rangliste nach der Dividendenhöhe erstellen oder nach besonders hohen Kursgewinnen – und dann den Sieger der Kategorie für sein Depot auswählen.

Abgesehen davon, dass solche Ranglisten immer in die Vergangenheit schauen und nicht in Zukunft gültig sein müssen, ist diese Strategie auch noch unnötig riskant: Wer mit der Entscheidung danebenliegt, riskiert hohe Verluste, im schlimmsten Fall ist sogar das ganze Geld weg.

Wie dumm es ist, sein Geld solchen Einzeltitelrisiken auszusetzen, das hat der US-amerikanische Ökonom Harry M. Markowitz in den 1950er-Jahren ausführlich untersucht – und 1990 den Nobelpreis dafür bekommen: Markowitz hatte nach Anlagestrategien gesucht, die das optimale Verhältnis zwischen Risiko und Rendite bieten. Dabei stellte sich ein systematischer Zusammenhang heraus: Die Schwankungen von gut gemischten Anlagedepots waren stets kleiner als die durchschnittliche Schwankung jedes einzelnen Anlageobjekts, das darin liegt.

Es klingt wie Magie, aber es gibt einen guten Grund dafür: Unterschiedliche Kurswerte schwanken in einem gewissen Maß zufällig und damit ungleichmäßig, sodass sich positive und negative Bewegungen immer teilweise aufheben.

So durchläuft jeder Industriezweig seine eigenen Berg- und Talfahrten. Und selbst strukturell ähnliche Anbieter – wie etwa die Produzenten von Markenartikeln – machen zu unterschiedlichen Zeiten unterschiedlich gute Geschäfte: Mal kaufen die Leute ganz bestimmte Autos, mal sind besondere Laufschuhe gefragt, mal Smartphones eines Herstellers. Deshalb tut jede Anlegerin oder jeder Anleger gut daran, Kurseinbrüche bei einer Aktie durch die Kombination mit anderen Aktien auszubügeln.

Was Markowitz zunächst für unterschiedliche Aktien nachgewiesen hatte, ist mittlerweile auch für den Einsatz aller anderen Anlagearten belegt – und sogar mit noch größerem Effekt. Denn je unterschiedlicher die Kurse einzelner Wertpapiere sich entwickeln, umso besser funktioniert der Trick mit der breiten Vermögensaufteilung, im Geldanlage-Englisch auch Asset Allocation genannt. Jede Anlegerin, jeder Anleger kann also, unabhängig von ihrer/seiner persönlichen Risikoneigung, durch gezielte Streuung ihr/sein Risiko senken.

Markowitz gilt mit seinen Erkenntnissen als Vater der modernen Portfolio-Theorie. Deren zentrale Erkenntnis ist: Konservative Anlegende können ihr Portfolio besser aufstellen, wenn sie statt nur risikoarme Anlageklassen auch riskantere und chancenreichere Investments zumindest beimischen. In einem gut gestreuten Portfolio können so die Renditechancen verbessert und das Risiko auch noch verringert werden.

Mischen ganz konkret: Pantoffel mit Beimischung

Ein Fonds ist per se schon eine breit gemischte Anlage, denn er vereint Anteile an vielen 100 oder 1000 Aktien. Deshalb empfehlen wir einen breit gestreuten Welt-ETF auch als Basisanlage für den Renditebaustein im Pantoffel-Portfolio.

Einziger Nachteil an dem dafür besonders geeigneten MSCI-World-ETF: Einige spannende Märkte sind in ihm nicht vertreten, da in dem Index nur Länder stecken, die der Indexanbieter MSCI als „entwickelte Länder“ ansieht. Es fehlen zum Beispiel wirtschaftliche Schwergewichte wie China, Indien oder Südkorea. Um auch solche

Die Mischung macht's

Das Core-Satellite-Konzept trägt dem Bedürfnis mancher Anlegenden Rechnung, aktiv an den Kapitalmärkten zu agieren. Finanztest empfiehlt im ersten Schritt, sich für ein bestimmtes Verhältnis von Sicherheits- und Renditebaustein zu entscheiden – hier 50 zu 50. Vom Renditebaustein fließen dann mindestens 70 Prozent in die Basisanlage, auch Core genannt, etwa einen ETF auf den MSCI World. Mit den übrigen bis zu 30 Prozent, den Satelliten, können Anlegende Mehrrendite anstreben.

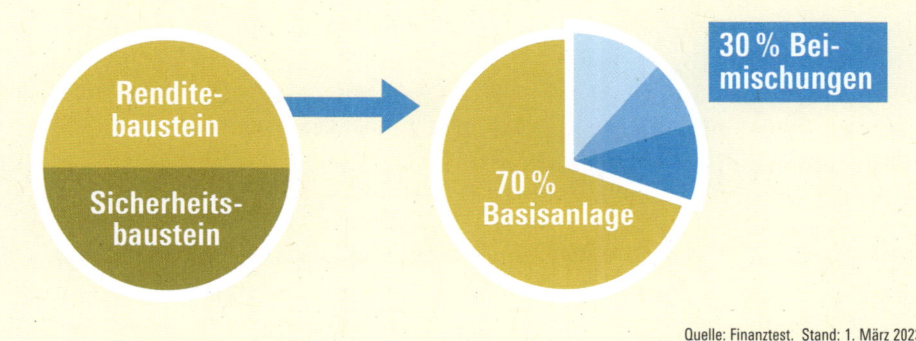

Quelle: Finanztest. Stand: 1. März 2023.

Märkte oder andere Spezialitäten im Portfolio zu berücksichtigen, können Sie einen Teil des Renditebausteins durch andere Fonds ersetzen – am besten nicht mehr als 30 Prozent, damit der Welt-ETF den Schwerpunkt ausmacht. Zugleich sollte ein einzelner Beimischungsfonds nicht mehr als 10 Prozent ausmachen. Eine vernünftige Aufteilung wäre also zum Beispiel ein Aktienfonds Welt mit 70 Prozent plus drei Fonds mit speziellen Schwerpunkten zu jeweils 10 Prozent als Beimischung.

Profis sprechen dabei gern von einer Core-Satellite-Strategie: Um das Kerninvestment kreisen mehrere kleinere Anlage-Satelliten. Gute Kandidaten für eine Beimischung sind zum Beispiel Schwellenländer-Fonds, die sich deutlich vom MSCI World unterscheiden. Auch Investitionen in einzelne Länder oder Regionen sind möglich, oder Fonds, die speziell auf kleinere Unternehmen sitzen, die im Welt-ETF ebenfalls nicht vertreten sind.

Ein Ansatz ist dabei, möglichst unähnliche Fonds herauszusuchen, also Fonds mit einer geringen Korrelation zueinander. Das erhöht nämlich nochmals die Streuung und damit die Risikodiversifikation. Dabei hilft die Gruppierung der Fonds nach Fondsfamilien, wie sie Finanztest vornimmt.

Fonds innerhalb derselben engen Familie sind sich sehr ähnlich, man sollte sie daher bei der Auswahl von Satelliten meiden. Besser geeignet für die Diversifikation sind weniger ähnliche Fonds mit einer allenfalls entfernten oder weiten Familienzugehörigkeit. Wer auf Fonds unterschiedlicher Familien setzt, kann sichergehen, das Risiko breit zu streuen. Die Familienzugehörigkeit kann sich im Zeitverlauf durch Käufe und Verkäufe natürlich ändern.

Im Internet unter test.de/fonds finden Sie über 10 000 mindestens fünf Jahre alte Fonds eingeteilt in enge, also sehr ähnliche, und weite, das heißt weniger ähnliche Fondsfamilien. Der Fondsfinder ist eine kostenpflichtige Datenbank, die monatlich aktualisiert wird. Sie können damit Fonds nach Kosten, Chance und Risiko, Nachhaltigkeit und weiteren Kriterien vergleichen und laufend auf die Beobachtungsliste setzen. Der Fondsfinder zeigt zudem Alternativen zu ausgewählten Produkten auf.

→ Prüfen Sie Ihre Fonds

Wenn Sie bereits eine große Zahl an Fonds im Depot haben, überprüfen Sie die Aufteilung, Zusammensetzung und Familienzugehörigkeit – und trennen sich von Fonds mit vielen Doppelungen mit anderen Fonds in Ihrem Depot.

Risiken für Fortgeschrittene

An Börsen wird Zukunft gehandelt. Und weil niemand mit letzter Bestimmtheit weiß, was die Zukunft bringt, ist die Beteiligung an solchen Geschäften stets riskant. Doch welche Risiken geht man eigentlich ein, wenn man eine Aktie kauft, eine Anleihe zeichnet oder in eine fremde Währung investiert? Grundsätzlich kauft man sich mit einem Anlageprodukt immer zwei Arten von Risiken ein – sogenannte systematische und unsystematische.

- **Systematische Risiken** unterliegen dem Zufall und lassen sich nicht komplett ausschalten, solange man in einem Markt aktiv ist. Dazu gehört etwa die zukünftige wirtschaftliche Entwicklung. Von ihr kann man annehmen, dass sie in Wellen von Auf- und Abschwüngen verläuft. Wie sehr die Welle aber nach oben und unten ausschlägt, das lässt sich nicht vorhersagen. Auch politische Eingriffe in die Märkte sind typische systematische Risiken: Zinsänderungen durch die Zentralbanken, Eingriffe an den Währungsmärkten, Ölkrisen und Kriege treffen üblicherweise jeden Marktteilnehmer. Man kann ihnen nicht entgehen – und weil sie unwägbar sind, lassen sie die Kurse schwanken.
- **Unsystematische Risiken** sind aus Sicht der Anleger weitaus unerfreulicher. Diese treffen bloß einzelne Anlageprodukte, und sie können einen höchst zufällig ereilen. Das können schlechte Geschäftszahlen eines Unternehmens sein oder ähnlich negative Schlagzeilen, die eine einzelne Anlage besonders stark in Mitleidenschaft ziehen – nicht aber ganze Märkte oder Regionen. Für Anleger bedeutet das: Sie sollten versuchen, unsystematische Risiken zu begrenzen – das geht am besten, indem sie ihre Geldanlage möglichst breit streuen, statt viel Geld in einzelne Wertpapiere zu investieren. Übrig bleibt das systematische Risiko, das sich bei noch so geschickter Zusammensetzung der Geldanlagen nicht vermeiden lässt. Deshalb sollten Anleger darüber nachdenken, wie sinnvoll es für sie überhaupt ist, Risiken einzugehen.

Einmalanlage Pantoffel-Portfolio

Pantoffel-Portfolio Zielgewichtung: Tagesgeld / Aktien Welt / Beimischung (%)		Rendite (% p. a.)						Schlechteste Rendite (% p.a.)	
		30 Jahre	20 Jahre	10 Jahre	5 Jahre	3 Jahre	1 Jahr	1 Jahr	10 Jahre
Tagesgeld	100/0/0	2,2	1,2	0,1	0,1	0,2	0,7	0,0	0,1
Welt-Pantoffel									
Defensiv	75/25/0	4,2	3,2	3,3	2,7	1,9	-2,8	-8,5	2,5
Ausgewogen	50/50/0	5,7	5,2	6,0	4,8	3,5	-6,2	-16,6	4,0
Offensiv	25/75/0	7,0	6,7	8,8	6,7	5,1	-9,6	-29,2	4,3
Welt + Europa									
Defensiv	75/20/5	4,2	3,1	3,1	2,6	1,7	-2,6	-8,2	2,3
Ausgewogen	50/40/10	5,6	5,1	5,6	4,3	3,1	-5,8	-17,7	3,7
Offensiv	25/60/15	6,9	6,4	8,2	6,1	4,5	-9,1	-30,8	4,0
Welt + Schwellenländer									
Defensiv	75/20/5	4,1	3,2	2,9	2,4	1,5	-2,9	-8,4	2,4
Ausgewogen	50/40/10	5,6	5,3	5,2	4,0	2,7	-6,4	-20,8	3,7
Offensiv	25/60/15	6,9	7,0	7,7	5,7	3,9	-10,0	-30,1	4,4
Welt + Gold									
Defensiv	75/20/5	4,2	3,2	2,9	2,7	1,9	-1,8	-5,5	2,7
Ausgewogen	50/40/10	5,5	5,2	5,2	4,8	3,6	-4,3	-14,3	4,2
Offensiv	25/60/15	6,8	6,9	7,7	6,8	5,2	-6,8	-21,7	5,1
Welt + Rohstoffe									
Defensiv	75/20/5	3,9	2,8	2,7	2,8	2,2	-0,2	-8,6	1,8
Ausgewogen	50/40/10	5,2	4,6	5,0	5,0	4,0	-1,1	-17,1	2,7
Offensiv	25/60/15	6,3	5,4	7,0	7,3	5,8	-2,7	-30,2	2,1

– = Index zu jung,

Quellen: Refinitiv, eigene Simulationen. Stand: 1. Januar 2023

Eine Kennzahl, mit der Anleger sich Risiken bei der Geldanlage verdeutlichen können, ist der sogenannte Maximum Drawdown. Dieser Wert beziffert den größten Verlust, den ein Anlageprodukt innerhalb einer festgelegten Zeitspanne hinnehmen musste – also den in der Vergangenheit größtmöglichen Verlust. Damit dürfte diese Kennzahl am ehesten dem entsprechen, was viele Anleger unter Risiko verstehen: nämlich nicht Schwankungen, sondern Verluste.

Wie viel Verlust ertrage ich, ohne schlecht zu schlafen?

Der Maximum Drawdown ist nicht die einzige Risikokennziffer, die sich auf Verluste und Extremszenarien konzentriert. Auch die von Finanztest entwickelte Kennzahl der Pechrendite versucht, die „Schwankungen nach unten" zu erfassen. Die Pechrendite beschreibt, welche Rendite Anleger mit einem Fonds oder ETF erzielt hätten, wenn sie in den vergangenen fünf Jahren immer in den negativen Monaten investiert gewesen wären. Die Expertinnen und Experten von Finanztest nutzen dieses asymmetrische Risikomaß im Rahmen ihrer monatlichen Fondsbewertung.

So präzise die Risikomaße auch funktionieren, so sehr sind sie doch mit zwei Problemen konfrontiert:

1. **Sie betreiben stets Vergangenheitsbewältigung,** fußen also auf Daten der Vergangenheit. Manche Geldanlage, die früher risikoarm war, muss das in Zukunft nicht sein. So hatte Finanztest vor dem jüngsten Crash am Anleihenmarkt mehrfach auch mithilfe von komplexen Simulationen auf das Zinsänderungsrisiko bei Anleihen und Anleihen-ETF hingewiesen. Anleihen-ETF hatten jahrelang ausgezeichnete Risikokennzahlen – und verloren dennoch im Rahmen der jüngsten Zinserhöhungen stark an Wert.
2. **Für die Berechnung ist stets entscheidend, welchen Zeitraum man betrachtet.** In den vergangenen Jahren haben die Börsen zum Beispiel allgemein stark geschwankt, sodass sich je nach Länge der Rückwärtsbetrachtung genauso schöne wie dramatische Werte berechnen lassen. Daher sollten Anleger sich beispielsweise den maximalen Verlust von Fonds über einen möglichst langen Zeitraum anschauen.

Es ist für unsere persönliche Risikoeinschätzung übrigens vielfach entscheidend, woher das Geld stammt: Wer sein Leben lang dafür gespart hat, erträgt oft nur geringere Verluste als jemand, der durch ein unerwartetes Erbe an Geld gekommen ist. Dieser und viele andere psychologische Effekte begleiten uns bei der Geldanlage (siehe „Rendite ohne Sorgenfalten", S. 9).

Die beste Frage, um Ihr Risikobudget herauszufinden, lautet daher: Wie viel Verlust ertrage ich, ohne schlecht zu schlafen? Wer das weiß, kann daraus ableiten, welche die passende Anlagestrategie ist. Dieses risikoorientierte Vorgehen ist letztlich genau dasselbe, das Profis nutzen, die den Auftrag haben, große Vermögen zu investieren. Sie fragen nicht so sehr nach den Renditevorstellungen der Kunden, sondern nach ihrer Risikoausrichtung. Die Ertragschancen leiten sich dann fast von selbst daraus ab.

Weitere Geldanlagen als Beimischung

Nicht nur Fonds und Festgeldanlagen eignen sich für eine vorsichtige Anlagestrategie. Hier erfahren Sie, welche Rolle andere Anlageklassen beim Vermögensaufbau spielen können.

→ **Beimischung** lautet das Wort der Stunde, wenn es beim Vermögensaufbau um den Einsatz anderer Anlageklassen geht als Aktien und Festgeld. Der Markt hält ein breites Angebot an Alternativen bereit. Die meisten sind ungeeignet für vorsichtige Investoren, weil sie stark schwanken, teuer, unrentabel oder unflexibel sind. Oder, weil die dahinterliegenden Strukturen schwer zu durchschauen sind und keinen Mehrwert gegenüber Aktien-ETF bieten. Trotzdem kommen Sie vermutlich immer wieder mit Anlagealternativen in Kontakt – und sind versucht, darin anzulegen. Daher einige Anmerkungen zu zwei Beimischungen, die am ehesten als Ergänzung für eine vorsichtige Anlagestrategie infrage kommen.

Gold gegen Geldentwertung

Der Goldpreis ist, wie im zweiten Kapitel bereits beschrieben, von Anfang der 2000er- bis Anfang der 2010er-Jahre stark angestiegen. Auch im Jahr 2020 hatte er wieder ein neues Allzeithoch erklommen. In diesen Jahren funktionierte der knappe Rohstoff auch sehr gut als Schutz gegen die Inflation, also gegen die Geldentwertung. Dieser Ruf haftet dem Edelmetall bis heute an, tendenziell steigt daher die Goldnachfrage und damit der Peis in unruhigen und inflationären Zeiten. Noch etwas kommt hinzu: Gold hatte historisch immer einen Wert, der Preis fiel niemals auf null. Zur Wahrheit gehört aber auch: Mit Gold konnten Anlegerinnen und Anleger nach Abzug der Inflation in der

Vergangenheit phasenweise nahezu 80 Prozent ihres Einsatzes verlieren – in der längsten Verlustphase dauerte es über 30 Jahre, bis sich der Preis wieder erholt hatte. Das liegt nicht zuletzt daran, dass Gold keine Zinsen abwirft, sondern einfach nur daliegt.

Zusammengefasst: Wer auf die währungsunabhängige Wertstabilität des Goldes vertraut, kann bis zu 10 Prozent im Renditeteil seines Anlagedepots darin anlegen.

Immobilien für die Substanz

Der Kauf einer Wohnung oder eines Hauses gehört für viele zum Lebenstraum – und wird zur größten Investition ihres Lebens. Dabei ist eine selbst bewohnte Immobilie nicht in erster Linie eine Geldanlage, sondern gehört zum Konsum. Schließlich nutzt man sie als Unterkunft, die Darlehensraten ersetzen also die Miete, die man anderswo zahlen müsste. Der Unterschied: Oft liegen die monatlichen Ausgaben anfangs höher als bei einer Mietwohnung.

Gerade nach dem jüngsten Zinsanstieg müssen Haus- und Wohnungskäufer damit rechnen, anfangs deutlich mehr fürs Wohnen auszugeben als für eine Mietwohnung. Ist der Aufbau des Eigentums später abgeschlossen, sind also die Kredite abgezahlt, kann man dafür dann im Anschluss mietfrei weiterwohnen, muss lediglich weiter für Nebenkosten, Renovierungen und Modernisierungen aufkommen. Ob sich das auch finanziell auszahlt? Schwer zu sagen. Es kommt dabei sehr auf das örtliche Kaufpreis-Miete-Verhältnis an, das sich über die Jahrzehnte ändern kann.

Unabhängig von der finanziellen Rendite verschieben sich in jedem Fall die Kosten für den Wohn-Konsum zeitlich nach vorn. Steigt zudem die Immobilie im Wert, könnte man sie später auch mit Gewinn verkaufen oder vermieten. Dafür muss man allerdings in der Regel ausziehen – und dann anderswo selbst wieder Miete zahlen.

Zusammengefasst: Für Vorsichtige heißt das: Immobilien sind einerseits – in der richtigen Lage – ein durchaus attraktiver Substanzwert und Geldspeicher gegen Inflation. Andererseits steht beim Immobilienkauf für viele die eigene Nutzung im Vordergrund, nicht die hohe Rendite. Wer schon ein Eigenheim besitzt, hat damit zudem bereits einen so großen Immobilien-Baustein in seinem Vermögen, dass es aus Gründen der Streuung unklug wäre, noch viel mehr in diese Anlageklasse zu investieren. Etwas anders sieht die Lage bei sehr großen Vermögen aus. Hier kann durchaus der Kauf weiterer Objekte zur Vermietung infrage kommen. Ein Vorteil sind regelmäßige Mieteinnahmen, Nachteile und Risiken ergeben sich unter anderem bei Leerstand oder wenn Mietnomaden einziehen.

Zinsanlagen nach der Zinswende

In den vergangenen Monaten sind die Zinsen für Staatsanleihen im Euroraum deutlich gestiegen. Auch wenn die Inflation zeitgleich auf Rekordhoch stand, stellt sich die

Frage, ob es an der Zeit ist, neu über Zinstitel im Portfolio nachzudenken. In der Tat ist die Zinswende ein Anlass, seine festverzinslichen Wertpapier zu überprüfen:

- Wer bisher auf Tagesgeldkonten gesetzt hat, steht indes unter keinem großen Handlungsdruck. Denn die Zinsen passen sich quasi automatisch an die neue Realität an. Es lohnt aber immer mal wieder, nach Tagesgeldkonten mit besseren Zinsen Ausschau zu halten.
- Wer länger laufende Zinstitel mit deutlich geringeren Zinsen hält, etwa Festgeld, prüft Kündigungsfristen und versucht, so schnell wie möglich in höher verzinste Produkte zu wechseln.
- Wer während der Zinswende in Anleihen oder Anleihefonds investiert war, sollte sich gedulden. Die Anleihekurse sind mit dem Anstieg der Zinsen teilweise eingebrochen, sodass ein Verkauf zum jetzigen Zeitpunkt mit Verlusten enden könnte. Dann ist es womöglich besser, die Anleihen weiter zu halten, bis zum Ende der Laufzeit oder bis die Zinsen womöglich wieder sinken.

Wie es nach der Zinswende in den kommenden Monaten und Jahren weitergeht, ist aktuell kaum vorherzusagen. Grundsätzlich ist es in dieser unsicheren Lage sinnvoll, flexibel und handlungsfähig zu bleiben, also keine länger laufenden Zinsgeschäfte einzugehen. Ein Tagesgeldkonto mit erstklassigen Konditionen bleibt vorerst eine gute Wahl.

Finger weg von Fremdwährungsanleihen wie Anleihen der USA, nur weil dort gerade die Zinsen höher sind. Denn beim Rücktausch der US-Anleiheerträge in Euro gehen die höheren Zinsen schnell wieder flöten, wenn sich die Wechselkurse ungünstig entwickeln. Und die kann ebenfalls niemand vorhersagen.

Zusammengefasst: Wir empfehlen als sicheren Zinsbaustein für das Portfolio auch weiterhin Zinsprodukte, die in Euro notieren. Neben Euro-Tagesgeld und Euro-Festgeld können das auch ETF mit Euro-Staatsanleihen sein – wenn man Kursschwankungen durch das Zinsänderungsrisiko verkraftet beziehungsweise davon ausgeht, dass die Zinsen nicht mehr weiter steigen.

Die Finanzierung einer Immobilie ist ein komplexes Unterfangen. Hier kann der Ratgeber „Immobilienfinanzierung – Die richtige Strategie" helfen, erhältlich unter test.de/shop. Zudem finden Sie unter test.de/immobilienrechner die deutschlandweiten Immobilienpreise. Sie können dort in Beispielrechnungen die aktuellen monatlichen Belastungen abschätzen und Kaufpreise & Mieten in Städten und Kreisen vergleichen.

Worauf Sie sich verlassen können

Welche Sicherungsmechanismen bei der Geldanlage eingebaut sind – vom Staat und von den Produktanbietern selbst. Und warum Garantien weniger taugen, als Sie denken.

Geldanlage garantiert ohne Verluste? Das klingt zu schön, um wahr zu sein – und ist auch tatsächlich keine echte Option für eine vorsichtige Anlagestrategie. Denn wer Geld gegen jeden möglichen Verlust versichert, wird mit dieser Haltung auf Dauer kein Vermögen aufbauen können. Andere Sicherungsmechanismen erweisen sich da als weitaus sinnvoller: Zum einen sind das die staatlichen Garantien gegen den Verlust von Guthaben bei einer Bank, sollte diese in die Insolvenz rutschen. Viele Banken erweitern diesen Schutzschirm für Ersparnisse sogar noch freiwillig, sodass auch größere Vermögen bei einer Bankenpleite sicher sind – das ist vor allem bei der Auswahl von Tages- und Festgeldkonten relevant. Und schließlich hat der Gesetzgeber auch noch eine spezielle Brandmauer eingezogen für alle, die Investmentfonds oder auch ETF zum Sparen nutzen. Hier wird das Geld der Anlegenden auf separaten Konten hinterlegt, die auch bei einer Insolvenz des Anbieters unantastbar sind. Anders gesagt: Fondssparer müssen eine Pleite der Fondsgesellschaft wirklich nicht fürchten.

Was sind Garantien wert?

Starten wir mit Sicherheitsversprechen: Garantien gegen Verluste. Klingt attraktiv. Garantiert sind aber nur hohe Kosten und geringe Erträge. Vor hohen Verlusten schützt nur Selbsthilfe.

→ **Garantieprodukte** stellen Anlegerinnen und Anlegern nicht nur einen Ertrag in Aussicht, sondern garantieren ihnen zugleich, dass sie keinesfalls Geld verlieren können. So ein Versprechen klingt zunächst durchaus verlockend, gerade in unruhigen Zeiten, in denen Sparer froh sind, kein Verlustrisiko einzugehen. Nur machen Käufer „wertgesicherter Produkte" die Rechnung ohne die Börse: Dort nämlich gibt es nun mal so gut wie keinen Ertrag ohne Risiko, also gewisse Wertschwankungen, die auch mal einen Verlust bedeuten können.

Wer also verspricht, solche Verluste zu vermeiden, komme, was da wolle, der ist gezwungen, große Teile des Anlegergeldes risikolos anzulegen – was allenfalls über Festgeldanlagen oder sehr sichere Staatsanleihen funktioniert. Damit ist aber nichts zu gewinnen, zumal nicht in Zeiten, in denen die Inflation weit über dem Zins liegt, zu dem Notenbanken weltweit Geld verteilen. Es kommt sogar noch schlimmer: Die Kosten für das Aufrechterhalten eines Garantieversprechens können mitunter so hoch sein, dass die Anbieter gar nicht mehr davon runterkommen und immer größere Anteile des Vermögens, das sie eigentlich vermehren sollen, in nutzlosen Geldanlagen parken müssen, die einzig und allein den Zweck erfüllen, Verluste zu vermeiden. Kapitalmarktprofis haben sogar ein Wort für diesen Zustand: Cash-Lock. Ist dieser Status erreicht, liegt das ganze Geld der Sparer weitgehend unverzinst auf Konten fest. In diesem Moment sind alle Chancen auf künftige Erträge hinfällig.

Dieses Schicksal trifft inzwischen übrigens zum Beispiel mehrere Riester-Fonds: Der Staat führte die Riester-Rente rund um die Jahrtausendwende ein, damit mehr Menschen ihre Altersvorsorge mit privater Vorsorge aufbessern. Als Anreiz dienten von Beginn an bestimmte Zulagen, gekoppelt mit dem Versprechen, dass auf keinen Fall Geld verloren geht.

Bei Riester-Renten mit Fondssparplänen heißt das: Die Fondsgesellschaften müssen allen Kunden eine 100-prozentige Beitragsgarantie geben, jede einzelne Einzahlung muss inklusive aller Zulagen garantiert bis zum Vertragsende erhalten bleiben. Ergebnis: Mehrere Riester-Fonds hängen inzwischen im Cash-Lock fest, sind komplett in kaum rentablen Anleihen investiert, ohne die Aussicht, jemals wieder an Aktienmärkten zu investieren. Bei Produkten, die teils 40 Jahre und länger bespart werden, entgehen den Kundinnen und Kunden damit riesige Anlagechancen.

Auch Manager von Garantiefonds und ähnlichen Geldanlage-Produkten, die „Sicherheit", „Protektion" oder „Kasko-Schutz" versprechen, sind abhängig vom allgemeinen Zinsniveau. Weil sie zugleich oft auch noch jährliche Gebühren von einem Prozent oder mehr verschlingen, bleibt für Anleger unterm Strich ein Produkt, das ihnen zwar keine Verluste beschert. Aber in Phasen niedriger Zinsen eben auch keine Gewinne. So konnten sie in den zehn Jahren des Dauerzinstiefs der 2010er-Jahre ihr Geld besser gleich auf dem Konto lassen.

Garantie Marke Eigenbau: Das Garantiedepot

Wer nicht auf den Schutz vor Verlusten verzichten will, kann es besser machen und selbst eine Mauer errichten, die Marktschwankungen aus- und abhält, ohne komplett auf Gewinne zu verzichten. Das ist gar nicht so schwer – und vor allem völlig kostenlos konstruierbar. Diese Strategie funktioniert jedoch nur, wenn es nennenswerte positive Zinsen gibt.

Zunächst formuliert man für sich – ähnlich wie ein Fonds – ein Garantieziel: Das könnte zum Beispiel lauten, dass man in zehn Jahren mindestens sein eingesetztes Geld zurückhaben will. Außerdem will man in dieser Zeit natürlich möglichst noch eine ansehnliche Rendite erwirtschaften. Daher geht es nun an die Strategie: Als absolut sichere Renditequellen kommt eine Festgeld- oder Sparbrief-Anlage infrage. Dabei leiht man sein Geld einer Bank oder Sparkasse (siehe „Spareinlagen", S. 35).

Rechnen wir bei einem Zehn-Jahres-Festgeld oder Sparbrief mit 2,5 Prozent jährlichen Zinsen. Dann vermehrt sich das Kapital hier per Zinseszinseffekt in zehn Jahren um etwa 28 Prozent. Wer mit 10 000 Euro beginnt, hätte zehn Jahre später – Steuern und Gebühren bleiben hier außen vor – 12 800 Euro auf dem Konto. Also eine 128-Prozent-Garantie.

Das ist mehr als gewünscht – allerdings ohne weitere Gewinnchancen. Um solche zu schaffen, legt man daher zu Beginn bloß 7 812 per Festzins an. Diese wachsen bie 2,5 Prozent Zinsen in zehn Jahren garantiert wieder auf 10 000 Euro an. So bleiben noch 2 188 Euro für andere Anlagen übrig. Sie können zum Beispiel in einen ETF fließen, der – abgesehen von geringen Gebühren von vielleicht 0,1 oder 0,2 Prozent – immer so abschneidet wie der entsprechende Aktienmarkt. Kalkuliert man für den ETF mit einem Kursplus von 7 Prozent pro Jahr, einem durchaus nicht völlig unerreichbaren langjährigen Mittelwert, würden daraus 4304 Euro. Das machte dann inklusive des Festgeld-Anteils am Ende 14 304 Euro. Das Ergebnis entspricht einer jährlichen Rendite von 3,6 Prozent – und das bei 100 Prozent Kapitalgarantie.

Es ist sogar noch mehr drin: Denn eigentlich ist es ja höchst unwahrscheinlich, dass ein ETF in zehn Jahren seinen Wert vollständig verliert. Langjährige Statistiken zeigen vielmehr: Selbst eine Halbierung ist bei breit gestreuten Aktienkursbarometern in Zehn-Jahres-Zeiträumen so gut wie ausgeschlossen. Wer sich auf diese Betrachtung einlässt, verliert zwar ein Stück Sicherheit – gewinnt dafür aber noch mehr Renditepotenzial. Wie viel, das zeigen zwei weitere Beispielrechnungen:

1. **Gehen wir davon aus,** dass der Aktienmarkt im Anlagezeitraum höchstens zwei Drittel seines Wertes verliert, also schlimmstenfalls nur ein Drittel übrig bleibt. Dann liegt der Anlageanteil, der in eine sichere Festgeldanlage fließen muss, bei nur noch 7 042 Euro. Dieses Sparguthaben wächst bei 2,5 Prozent Zinsen in zehn Jahren auf 9 014 Euro an. Die übrigen 986 Euro für unser „100-%-verlustfrei"-Kalkül – das nun freilich nur noch eine hohe Gewissheit und keine Garantie mehr darstellt – stammen aus dem gedrittelten Aktienanteil von anfänglich 2 958 Euro. Damit steigen zugleich die Renditechancen: Bei 7 Prozent Kursplus in guten Jahren könnte der nun höhere Aktienanteil nämlich auf 5 818 Euro wachsen und das Endkapital dementsprechend auf 14 832 Euro. Umgerechnet sind das schon 4 Prozent jährliche Rendite.
2. **Wer sich noch etwas mehr traut,** greift zur Annahme, der Aktienmarkt verlöre maximal die Hälfte seines Werts. Dann reichen sogar 6 410 Euro auf der sicheren Seite. Daraus werden in zehn Jahren 8 205 Euro. Aus den 3 590 Euro im Aktienteil könnten derweil in normalen Zeiten 7 063 Euro werden. Machte unterm Strich 15 268 Euro oder 4,3 Prozent Rendite jährlich.

Übrigens: Die Rendite des MSCI World lag bis 2010 nach zehn Jahren im schlechtesten Fall bei –3,8 Prozent pro Jahr. Selbst im schlechtesten Fall hatten Anleger dort also nach zehn Jahren noch 70 Prozent ihres Kapitals erhalten.

Wenn man seinen eigenen Garantieanspruch dementsprechend absenkt und nur 80 oder 90 Prozent sicher zurückhaben möchte, sind dafür im Gegenzug noch höhere Renditen drin. Oder auch, wenn man länger warten kann. Wer zum Beispiel erst in fünfzehn Jahren sein Kapital mindestens zurückhaben will und davon ausgeht, dass die Börsen in dieser Zeit nicht mehr als die Hälfte an Wert einbüßen, kann zu Beginn fast die Hälfte (genau 47,3 Prozent) auf der Aktienseite anlegen. Steigen die Kurse dort im Schnitt gar um 8 Prozent, brächte dieses selbst gebaute Sicherheitsnetz 5,6 Prozent Rendite pro Jahr ein.

Gegen solche Erträge machen Garantiefonds und Produkte ähnlicher Art eine äußerst schwache Figur.

Was schützt vor der Bankpleite?

Hierzulande sind Guthaben gegen Bankenpleiten geschützt. Außerhalb sollte man auf die Details der Einlagensicherung achten. Und: Fondssparer müssen keine Pleiten befürchten.

Es war ein bemerkenswerter Auftritt, der vielen im Gedächtnis geblieben ist: Am 5. Oktober 2008 war die damalige Bundeskanzlerin Angela Merkel gemeinsam mit ihrem Finanzminister Peer Steinbrück vor die Mikrofone im Kanzleramt getreten und erklärte, die Bundesregierung werde dafür einstehen, dass Sparerinnen und Sparer in Deutschland nicht befürchten müssen, auch nur einen Euro ihrer Einlagen zu verlieren: „Wir sagen den Sparerinnen und Sparern, dass ihre Einlagen sicher sind."

Es war eine Beruhigungspille in einer äußerst angespannten Lage. Europaweit hatte sich die Finanzmarktkrise zugespitzt: Banken wankten. In Deutschland stand die Hypo Real Estate vor einem milliardenschweren Finanzloch. Die Politiker und Politikerinnen trieb die Sorge vor einem massenhaften Vertrauensverlust der Bürger in Banken um, einem „Bank Run", bei dem in kurzer Zeit und großer Zahl Menschen ihre Ersparnisse von Konten abheben würden und so das Geldsystem an seine Grenzen brächten. – Denn Banken halten gemeinhin keine derart großen Geldbestände direkt verfügbar, dass sie alle Kunden auf einen Schlag auszahlen könnten.

Um Panik zu verhindern und Dominoeffekte zu vermeiden, stellten sich nur die beiden maßgeblichen Regierungsvertreter schützend vor die Kleinsparer – und sprachen eine unbegrenzte Garantie für deren Kontovermögen aus. Ein bisher einmaliger Vorgang in der Republik, der sicher half, die Krise zu bewältigen. Dabei war dieses Versprechen für viele Sparer eigentlich gar nicht nötig. Denn ihre Einlagen, sprich ihre Guthaben auf Giro-, Tagesgeld- und Festgeldkonten oder auch auf Verrechnungskonten für Anlagedepots, sind ohnehin schon geschützt, und das gleich zweifach: durch die gesetzliche Einlagensicherung und durch diverse freiwillige zusätzliche Sicherungssysteme.

Die Einlagensicherung

Im März 2021 trat mal wieder ein, was sich die meisten bis vor wenigen Jahren kaum vorstellen konnten: Mit der Bremer Greensill Bank ging ein deutsches Kreditinstitut pleite. Vor Ausbruch der Finanzkrise im Jahr

Wo es sichere Zinsen gibt – und wo nicht
Empfehlenswert
Nicht empfehlenswert
Länder außerhalb des Europäischen Wirtschaftsraums (keine Empfehlung)
FIN
N
S
EST
RUS
LV
DK
LT
IRL
GB
NL
BY
PL
D
B
L
UA
CZ
SK
F
FL
A
MD
CH
H
RO
SLO
BiH
SRB
HR
MNE
RKS
BG
P
I
E
MK
AL
TR
GR
M
CY

2007 hatte es so was sehr selten gegeben. Doch inzwischen machen sich Sparer durchaus Gedanken darüber, ob ihr Geld bei einer Bankpleite eigentlich sicher ist. Es geht dabei um sogenannte Privatkundeneinlagen, vor allem Guthaben auf Girokonto, Tagesgeld- oder Festgeldkonten.

Die gute Nachricht: Wenn die Bank pleitegeht, können oft gleich mehrere Sicherungssysteme einspringen und die Ersparnisse schützen. Die schlechte: Die Höhe der Absicherung kann je nach Bank ganz unterschiedlich ausfallen. Gerade bei Sparkonten, die zu Banken außerhalb Deutschlands gehören, sollte man genau hinschauen.

“Wenn die Bank pleitegeht, können oft gleich mehrere Sicherungssysteme einspringen und die Ersparnisse schützen.

Der Reihe nach: Für alle Banken mit Sitz in der Europäischen Union sowie in Norwegen gilt zunächst ein gesetzlicher Schutz für Spargelder in Höhe von 100 000 Euro pro Anleger und Bank. In Deutschland sind dafür die gesetzliche Entschädigungseinrichtung deutscher Banken (EdB) zuständig, eine hundertprozentige Tochter des Bundesverbands deutscher Banken (BdB), sowie entsprechende Einrichtungen der Sparkassen und Genossenschaftsbanken.

Alle Privatbanken wie Deutsche Bank oder Commerzbank sind Pflichtmitglied der EdB. Darüber hinaus gehören sie in der Mehrzahl zusätzlich auch noch dem freiwilligen Einlagensicherungsfonds des BdB an. Bei diesen Banken können Anlegerinnen und Anleger daher auch mehr als 100 000 Euro sicher anlegen. Seit dem Jahr 2023 liegt dieser erweiterte Schutzumfang für Sparguthaben von Privatanlegern bei fünf Millionen Euro, im Jahr 2025 wird er bei drei Millionen Euro gedeckelt, und im Jahr 2030 können Sparerinnen und Sparer noch eine Million Euro sicher bei einer Mitgliedsbank aufbewahren.

Was passiert nach einer Pleite?

Technisch läuft das bei einer Pleite so ab: Zunächst stellt die Bundesanstalt für Finanzdienstleistungsaufsicht (Bafin) die Insolvenz der Bank fest. Nun tritt der Entschädigungsfall laut Einlagensicherungsgesetz ein. Die EdB muss dann jede Sparerin und jeden Sparer binnen sieben Werktagen in Höhe von bis zu 100 000 Euro entschädigen. Ist eine Bank zusätzlich freiwilliges Mitglied im Einlagensicherungsfonds und das Sparguthaben war höher, kommt anschließend noch Geld vom BdB.

Die Sicherungstöpfe von EdB und BdB werden durch jährliche Beiträge der Mitgliedsbanken finanziert. Reicht das Geld nicht, können die Einrichtungen Sonderbeiträge erheben und Kredite aufnehmen. Und sollten mehrere Banken gleichzeitig pleitegehen, springt möglicherweise der Staat ein und rettet sie – wie zuletzt während der Finanzkrise geschehen.

Genossenschaftsbanken und Sparkassen nutzen etwas andere Sicherungssysteme. Bei den genossenschaftlich organisierten Volks- und Raiffeisenbanken inklusive den Sparda- und PSD-Banken und auch den meisten Kirchenbanken ist das Prinzip der sogenannten Institutssicherung installiert: Durch Mitgliedschaft in der gemeinsamen Institutssicherung haften sie jeweils füreinander. Anders gesagt: Wenn eine Volksbank pleitegeht, greifen die anderen ihr unter die Arme. Gelegentlich kommt es deshalb zu Fusionen. Die betreffenden Deckungssummen liegen EU-weit einheitlich bei maximal 100 000 Euro pro Kunde je Kreditinstitut.

Das institutsbezogene Sicherungssystem der Sparkassen ist amtlich als Einlagensicherungssystem anerkannt – ebenfalls mit einem Anspruch auf Erstattung der Einlagen von bis zu 100 000 Euro.

Sparkassen und Genossenschaftsbanken sind übrigens bisher nie pleitegegangen, wenn sie in eine finanzielle Notlage geraten sind. Spargelder waren deshalb bisher de facto in unbegrenzter Höhe geschützt.

Bankpleiten im Ausland sind komplizierter

In Ländern der EU muss sich zunächst die Einlagensicherung des Herkunftslandes um die Entschädigung kümmern. Gesetzlich geschützt sind hier wie in Deutschland maximal 100 000 Euro pro Kunde und Bank. Die Entschädigungen müssen in der Regel binnen sieben Werktagen gezahlt werden, in einigen Ländern auch erst nach 20 Werktagen. Die Frage ist allerdings, ob die Einlagensicherungstöpfe in Ländern auch gut genug gefüllt sind und ob Staaten mit geringerer Wirtschaftskraft Sparer nach einer größeren Bankpleite zeitnah entschädigen können, wenn das Geld nicht reicht. So mussten Kunden nach der Pleite der bulgarischen Corpbank im Jahr 2014 ein halbes Jahr bangen, bevor es mit der Entschädigung losging.

Mitte 2024 sollen gemeinsame europäische Mindeststandards das Risiko senken. Dann müssen alle Banken der EU-Mitgliedsländer Geld in ihre heimischen Sicherungstöpfe eingezahlt haben – und zwar jeweils in Höhe von 0,8 Prozent der geschützten Guthaben. Solange es keine gemeinsame europäische Haftung gibt, rät Finanztest, Geld ausschließlich bei solchen Banken zu verwahren, die aus wirtschaftlich starken Ländern stammen. Maßstab sind die Bewertungen der drei großen Ratingagenturen Fitch, Standard & Poor's und Moody's, die Noten für die Wirtschaftskraft verteilen. Sparer, die Tagesgeld- oder Festgeld-Angebote aus diesen Ländern wählen, sollten ruhig schlafen können, selbst wenn ihre Bank pleitegeht. Welche Länder gute Noten erhalten haben, zeigt die Grafik „Wo es sichere Zinsen gibt – und wo nicht“ auf S. 144.

Für Länder außerhalb des Europäischen Wirtschaftsraums gibt es grundsätzlich keine Empfehlung. Denn hier sind die Einlagensicherungssysteme oft viel schwächer – und im Zweifelsfall sehen Sparer ihr Geld nicht wieder, wenn eine Bank insolvent ist.

Wichtige Unterscheidung dabei: Banktöchter ausländischer Institute, die in Deutschland ansässig sind, gelten rechtlich gesehen oft als deutsche Institute. Dann unterliegen sie auch der hiesigen Einlagensicherung, und Sparer müssen keine Abstriche machen bei der Sicherheit.

Das Sondervermögen bei Fonds

Während das Geld, das auf dem Verrechnungskonto eines Wertpapierdepots liegt, ebenfalls über die Einlagensicherung abgesichert ist, sind Fonds in einem Depot davon ausgenommen. Trotzdem müssen sich Anleger bei einer Pleite eines Depotanbieters keine Sorgen um ihr Geld machen. Denn die investierten Ersparnisse bilden ein sogenanntes Sondervermögen. Sie werden von der Bank bloß verwahrt und treuhänderisch verwaltet – anders als Sparguthaben also nicht für eigene Zwecke genutzt. Bei einer Insolvenz sind Sondervermögen für Gläubiger unantastbar.

Für ETF gilt das übrigens genauso wie für aktiv verwaltete Investmentfonds. Hier wie dort wird das Geld der Anleger auf getrennten Konten verwahrt, unabhängig vom Vermögen der Fondsgesellschaft. Wenn die Bank in Zahlungsschwierigkeiten gerät, bleibt das Geld im Fonds davon unberührt. Als Anleger müssen Sie bloß möglicherweise mit dem Depot zu einem anderen Anbieter umziehen.

Ist die Fondsgesellschaft pleite oder gibt das Geschäft auf und kann den Fonds daher nicht mehr verwalten, geht die Verwaltung übrigens in der Regel erst mal auf die Depotbank über. Die löst den Fonds dann entweder auf – in diesem Fall bekommen alle Anlegerinnen und Anleger das Geld für ihren Anteil zurück. Oder das Management wechselt zu einem anderen Anbieter. Im Nachgang werden dann auch häufiger Fonds zusammengelegt. Weg ist das Geld aber in keinem Fall.

→ Was passiert bei einer Bankenpleite mit Aktien im Depot?

Die Aktien in einem Wertpapierdepot zählen nicht zum Sondervermögen – es sei denn, die Anteile liegen in einem Fonds. Aber auch Aktien sind bei der Pleite einer Bank geschützt. Denn sie gehören ja nicht der Bank, sondern den Kunden. Das bedeutet, dass eine Bank, die in Zahlungsschwierigkeiten gerät, die Aktien jederzeit herausgeben muss. Dasselbe gilt auch für andere Vermögensgegenstände, die man bei einer Bank verwahrt, beispielsweise Gold oder Schmuck in einem Schließfach.

Hilfe

Fachbegriffe erklärt

Aktie. → Wertpapier, das den Besitzer (Aktionär) zum Miteigentümer am Unternehmen macht. Verbunden damit ist in der Regel ein Stimmrecht auf der jährlichen Hauptversammlung und eine Berechtigung zur Gewinnausschüttung (→ Dividende). Aktien werden meist an einer → Börse gehandelt.

Anleihe. → Wertpapier, das den Besitzer zum Gläubiger eines Unternehmens, einer Bank oder eines Staates macht. Dafür erhält man in der Regel einen festgelegten jährlichen Zins. Zudem bekommt der Anleihebesitzer am Ende der → Laufzeit den → Nennwert der Anleihe zurück. Anleihen sind an → Börsen handelbar. Sie heißen auch Schuldverschreibungen oder Rentenpapiere.

Börse. Handelsplatz für Geschäfte mit Aktien, Anleihen und anderen Wertpapieren. Die größten Aktienbörsen der Welt sind die New York Stock Exchange (NYSE) und die US-Technologiebörse Nasdaq. Die größten Börsenplätze Europas sitzen in London, Frankfurt und Paris.

Depot. Das französische Wort für Lager benennt den technischen Aufbewahrungsort. Es ist hier also so etwas wie ein Konto für Wertpapiere.

Diversifikation. Der Begriff steht für die Streuung des Geldes auf unterschiedliche

Anlageformen und Anlageziele. Breite Diversifikation ist eine der wichtigsten Regel für erfolgreiches Investieren.

Dividende. Gewinnausschüttung, die Besitzer von → Aktien einmal jährlich erhalten, wenn das Unternehmen ausreichend profitabel war und die Hauptversammlung beschlossen hat, einen Teil der Gewinne auszuzahlen.

Einlagensicherung. Der Gesetzgeber garantiert Privatleuten den Schutz ihrer Bankguthaben auf Konten in Deutschland von bis zu 100 000 Euro pro Bank, selbst wenn ein Kreditinstitut Pleite gehen sollte. Hinzu kommen freiwillige Schutzmechanismen (mehr dazu siehe ab S. 139).

Exchange Traded Fund (ETF). Ein ETF ist ein börsengehandelter → Investmentfonds. ETF sind in der Regel sogenannte Indexfonds, die passiv die Wertentwicklung eines → Index nachvollziehen. Börsengehandelte Fonds sind preiswerte Basisinvestments für ein → Depot.

Index. Vollzieht die Wertentwicklung mehrerer Wertpapiere nach. Der Dax berechnet sich zum Beispiel aus dem Kursverlauf der 40 größten Aktien an der Frankfurter → Börse, der MSCI World Index setzt sich aus über 1500 Aktien aus 23 Ländern zusammen. Indizes werden meist gewichtet, das bedeutet, dass größere Unternehmen stärker über den Verlauf entscheiden als kleinere.

Isin. Steht für International Securities Identification Number und ist die Kennnummer, über die sich jede Aktie, jeder ETF und jede Anleihe an Börsen handeln lässt.

Investmentfonds. Sammelt Geld von vielen Anlegern ein und verteilt es je nach Ausrichtung des Fonds auf bestimmte Anlageformen wie Aktien, Anleihen oder Immobilien oder auf verschiedene Anlageformen (Mischfonds). Fondsgesellschaften verwalten Kapital treuhänderisch im → Sondervermögen. Es gibt aktive Fonds, bei denen ein Management über die Anlage entscheidet und passive (→ ETF), die der Entwicklung eines → Index folgen.

Kurs. Der Preis von Wertpapieren. Er wird an → Börsen berechnet aus Angebot und Nachfrage und kann dementsprechend stark schwanken. Der Kurs von → Anleihen wird nicht in einer Währung angegeben, sondern in Prozent des Nennwerts. Am Ende der → Laufzeit liegt der Kurs einer Anleihe wieder bei 100 Prozent, es sei denn, der Schuldner ist insolvent.

Korrelation. Beschreibt, wie sehr Schwankungen verschiedener Wertpapiere sich unterscheiden. Eine hohe bedeutet, dass sich der Kurs zweier Wertpapiere ähnlich entwickelt. Niedrige Korrelationen stehen für unterschiedliche Schwankungen. Negative Korrelation bedeutet: Wenn der eine Kurs steigt, fällt der andere. Bei der → Diversifikation geht es darum, schwach korrelierte Wertpapiere zu kombinieren.

Laufzeit. Datum, zu dem eine → Anleihe fällig wird. Bedeutet: An diesem Tag gibt der Anleiheinhaber die Anleihe zurück und bekommt dafür den → Nennwert nebst Zinsen ausgezahlt.

Liquidität. Steht für die Handelbarkeit einer Geldanlage, also dafür, wie leicht sie sich kaufen und verkaufen lässt. Aktien sind meist liquide, Immobilien eher illiquide, also nicht so schnell handelbar.

Nachhaltigkeit. Eine Anforderung an die Geldanlage, für die sich immer mehr Anleger interessieren. Nachhaltigkeit lässt sich anhand der Dimensionen Umweltschutz, Soziales und tadellose Unternehmensführung bewerten, im Englischen auch ESG (Environment, Social, Governance).

Nennwert. Der aufgedruckte Wert eines Wertpapiers. Beim Geldschein also zum Beispiel „100 Euro". Bei → Anleihen ist das der Betrag, den der Schuldner am Ende der → Laufzeit an den Anleihegläubiger zurückzahlen muss.

Rendite. Der Ertrag einer Geldanlage in einem bestimmten Zeitraum, berechnet im Verhältnis zur Anlagesumme und meist pro Jahr. Die Rendite enthält neben Kursgewinnen auch Zinsen und Dividenden.

Risiko. Gegenbegriff zu → Rendite. Zeigt an, welche Verluste mit einer Geldanlage möglich und wie wahrscheinlich diese sind. Ein typisches Risikomaß ist die → Volatilität.

Sondervermögen. Geld, das Anleger in Investmentfonds oder ETF einzahlen, wird vom Anbieter auf einem abgetrennten Konto aufbewahrt, dem Sondervermögen, und ist damit sicher vor dem Zugriff anderer, auch bei einer möglichen Pleite der Fondsgesellschaft.

Volatilität. Beschreibt Höhe und Häufigkeit von Schwankungen eines Wertpapiers um seine mittlere Wertentwicklung, also Zahl und Größe der Ausschläge eines Kursverlaufs. Volatilität ist ein klassisches Maß für das → Risiko. Es gilt: Je höher die Schwankung, desto riskanter das Geschäft.

Wertpapier. Ein Schriftstück, technisch gesehen eine Urkunde, die ein Vermögensrecht verbrieft. Heißt: Wer ein Wertpapier besitzt, kann damit seine Rechte geltend machen, sei es als Gläubiger mit einer → Anleihe oder als Miteigentümer mit einer → Aktie. Durch Wertpapiere werden diese Rechte erst an Börsen handelbar. Auch Fonds und ETF sind Wertpapiere.

Zertifikat. Spezielle Form der Anleihe, oft ohne Zins, bei der die Rückzahlung am Ende der Laufzeit abhängt von einer bestimmten Marktentwicklung. Zertifikate werden von Banken herausgebracht in vielfältigen Varianten, zum Beispiel als Index-, Discount- und Garantiezertifikate.

Die günstigsten Depotanbieter auf einen Blick

So viel kostet ein kleines Wertpapierdepot mit nur einem ETF zu 12000 Euro mit einer Order pro Jahr, Ordergröße 2500 Euro. Die Kosten von größeren Depots finden Sie jederzeit gegen Entgelt auf unserer Website unter test.de/depotkosten.

Anbieter	Depotname	Bundesweit	Preis pro Jahr (Euro)
Top-Ten-Internetdepots			
Smartbroker	Depot	■	5
Flatex	Depot	■	6
Onvista Bank	Festpreis-Depot	■	7
Santander Consumer Bank	Wertpapierdepot	■	8
BBBank	Depot[1]	■	10
DKB	DKB-Broker[1]	■	10
Deutsche Bank Maxblue	Depot	■	11
NIBC Direct	EinfachInvestDepot	■	11
Targobank	Direkt-Depot / Klassik-Depot[1]	■	11
Hypovereinsbank	Smartdepot	■	12
Top-Ten-Filialdepots			
Santander Consumer Bank	Wertpapierdepot	■	18
Leipziger Volksbank	Onlinedepot mit Beratung[1]	☐	22
Postbank	Depot	■	31
BBBank	Depot[1]	■	35
Hamburger Sparkasse	Haspa Klassikdepot[1]	☐	42
Deutsche Apotheker- und Ärztebank	Apoklassik Depot[1]	■	43
Hamburger Volksbank	Depot	☐	43
Kreissparkasse Köln	Depot[1]	☐	49
Deutsche Bank	db Privatdepot Comfort	■	52
BW Bank	Depot WP komplett[1]	☐	54

1) Voraussetzung für die Eröffnung eines Wertpapierdepots ist ein bankeigenes Girokonto. ■ = Ja. ☐ = Nein. Stand: 1. Januar 2023

Die Kosten für ETF-Sparpläne

Die Tabelle zeigt, was Banken und Broker für Depot und Sparplanausführung berechnen. Aus Platzgründen listen wir nur die Anbieter, bei denen Sie aus mehr als 200 ETF wählen können.

Anbieter und Depotmodell	Jährlicher Depotpreis für aktiven ETF-Sparplan (Euro)	ETF-Sparpläne im Angebot (Anzahl gesamt)	Monatl Mindes (Eur
Onlinedepots			
1822direkt-Aktiv-Depot	0,00	1062	25
Comdirect Depot	0,00	927	25
Consorsbank Wertpapierdepot	0,00	1081	10
Deutsche Bank Maxblue	0,00	334	25
DKB-Broker[2]	0,00	1003	50
Finanzen.net Zero Depot	0,00	530	25
Finvesto Depot Basis / Depot[3]	20,00 / 36,00[4]	1203	10
Flatex Depot[7]	0,00	1400	25
Hypovereinsbank Investmentdepot	0,00	650	25
ING Direkt-Depot	0,00	840	1
S Broker DirektDepot	0,00	699	20
Santander Consumer Bank Wertpapierdepot	0,00	1266	25
Scalable Capital Free Broker	0,00	2000[8]	1
Smartbroker Depot[9]	0,00	647	25
Trade Republic Depot	0,00	2000[8]	1
Onlinedepots bei Fondsbanken (über Fondsvermittler)			
Ebase Flex Basic / Flex Select / Flex Standard[10]	20,00 / 36,00 / 48,00[10]	1203	10
FIL Fondsbank FFB Fondsdepot	0,25 % (mind. 25 €, max. 50 € + 0,10 %)[12]	921	25
Fondsdepot Bank Fondsdepot Online	30,00	1015	25
Beratungsdepots bei Filialbanken			
Hypovereinsbank Investmentdepot	0,00[16]	650	25
Santander Consumer Bank Wertpapierdepot	0,00	1266	25

1) Euro und / oder Prozent der Rate
2) Voraussetzung für die Eröffnung eines Wertpapierdepots ist ein bankeigenes Girokonto.
3) Im „Depot Basis" kann nur eine Depotposition geführt werden, ab 2 Depotpositionen landet man im Depotmodell „Depot".
4) Der erste Wert gilt für das Depotmodell „Depot Basis", der zweite für das Depotmodell „Depot".
5) Bei Fonds, die nicht in Euro notieren, fallen zusätzliche Kosten für die Umrechnung in Euro an.
6) Die Berechnungen gelten für das Depotmodell „Depot Basis".
7) Im alternativen Depotmodell „Prime Broker" sind in der monatlichen Pauschale von 2,99 Euro unbegrenzt viele Wertpapierorders ab einem Ordervolumen von 250 Euro über die Börse Gettex und alle Ausführungen von ETF- und Aktien-Sparplänen enthalten.
8) Mehr als 2000 sparplanfähige ETF sind erhältlich.
9) Im Depotmodell „Flex Basic" kann nur eine Depotposition verwahrt werden, bei zwei Depotpositionen landet man im Depotmodell „Flex Select", ab drei Positionen im Depotmodell „Flex Standard".

Für eine langfristige Sparplan-Anlage bietet sich ein thesaurierender ETF an. Bei ausschüttenden Fonds ist die direkte Wiederanlage der Dividendenzahlungen empfehlenswert.

Reguläre Kosten pro Sparplanausführung[1]	Gesamte Jahreskosten (Prozent) für Depot und Sparplanausführung bei Monatsraten von …		
	50 Euro	200 Euro	500 Euro
1,50 % (1,50 € bis 14,90 €)	3	1,5	1,5
1,50 %	1,5	1,5	1,5
1,50 %	1,5	1,5	1,5
1,25 %	1,25	1,25	1,25
1,50 €	3	0,75	0,3
0,00 €	0	0	0
0,20 %[5]	3,53[6]	1,03[6]	0.53[6]
0,00 €	0	0	0
1,50 %	1,5	1,5	1,5
0,00 €	0	0	0
2,50 %	2,5	2,5	2,5
0,85 €	1,7	0,42	0,17
0,00 €	0	0	0
0,20 %, mind. 0,80 €	1,6	0,4	0,2
0,00 €	0	0	0
0,20 %[5]	3,53[11]	1,03[11]	0,53[11]
0,20 %[5, 13]	4,42[14]	1,30[14]	0,67[14]
0,50 %[5, 15]	5,5	1,75	1
2,00 %	2	2	2
0,85 €	1,7	0,42	0,17

10) Der erste Wert gilt für das Depotmodell „Flex Basic", der zweite Wert für das Depotmodell „Flex Select" und der dritte Wert für das Depotmodell „Flex Standard".
11) Die Berechnungen gelten für das Depotmodell „Flex Basic".
12) 0,10 Prozent für ETF-Positionen zusätzlich zum Grundverwahrentgelt.
13) Beraterprovision, die vom Fondsvermittler rabattiert werden kann.
14) Gesamtkosten hängen vom Volumen ab. Angegebene Jahreskosten basieren auf dem Mindestdepotpreis.
15) Bei unterstellten durchschnittlichen Zusatzkosten der Abwicklungsstelle (ATC) von 0,30 Prozent. Bei Weltaktien-ETF liegen die ATC im Regelfall niedriger.
16) Für die Positionen aus ETF-Sparplänen fallen keine Depotgebühren an. Enthält das Depot weitere Positionen aus Einmalanlagen, kostet das Depot mindestens 48,00 Euro jährlich.

Gelb markiert sind die günstigsten Angebote.
Stand: 1. Januar 2023

Diese Aktien-ETF sind erste Wahl

Die Tabelle bietet eine Auswahl der besten breit gestreuten Aktien-ETF, mit denen Sie Ihr Pantoffel-Portfolio bestücken können. Sie eignen sich besonders gut für die Basisanlage, auch für Börsen-Neulinge. „Aktien-ETF Welt" enthalten nur Aktien von Industrieländern wie den USA oder Deutschland. „Aktien-ETF Welt inklusive Schwellenländer" beinhalten auch zu einem kleinen Teil Aktien von Schwellenländern wie Brasilien, Südafrika oder China. Diese ETF sind noch breiter gestreut als Aktien-ETF Welt, sind aber durch die Beimischung von Schwellenländern etwas riskanter.

Fonds mit einem T in der Anmerkungsspalte legen die Erträge des Fonds – zum Beispiel Dividenden – gleich wieder an und sind für Anlegende deshalb bequemer als die mit A markierten Fonds, die die Erträge ausschütten. Anlegerinnen und Anleger müssen sich dann selbst und aktiv um die Wiederanlage kümmern. Bis auf wenige Ausnahmen können Sie sogar Ihre Vermögenswirksamen Leistungen (VL) mit diesen Fonds besparen.

Anbieter	Index	Anmerkungen	Isin
Aktien-ETF Welt			
Amundi	MSCI World	Ⓣ, VL	LU 168 104 359 9
Amundi Lyxor	MSCI World	Ⓐ, VL	FR 001 031 577 0
HSBC	MSCI World	Ⓐ	IE 00B 4X9 L53 3
Invesco	MSCI World	Ⓣ, VL	IE 00B 60S X39 4
iShares	MSCI World	Ⓣ, VL	IE 00B 4L5 Y98 3
UBS	MSCI World	Ⓐ, VL	LU 034 028 516 1
Vanguard	FTSE Developed	Ⓐ, VL	IE 00B KX5 5T5 8
Xtrackers	MSCI World	Ⓣ, VL	IE 00B J0K DQ9 2
Aktien-ETF Welt inklusive Schwellenländer			
Amundi Lyxor	MSCI ACWI	Ⓣ, VL	LU 182 922 021 6
iShares	MSCI ACWI	Ⓣ, VL	IE 00B 6R5 225 9
SPDR	MSCI ACWI	Ⓣ	IE 00B 44Z 5B4 8
SPDR	MSCI ACWI IMI	Ⓣ	IE 00B 3YL TY6 6
Vanguard	FTSE All-World	Ⓐ, VL	IE 00B 3RB WM2 5

Die besten nachhaltigen Aktien-ETF

Sie wollen mit Ihrem Geld nicht Atomkraft, Kriegswaffen und Militärgüter finanzieren und haben Vorbehalte gegen Unternehmen, die Tierversuche für Kosmetik machen? Dann bietet Ihnen die Nachhaltigkeitsbewertung von Finanztest eine Orientierung. In der Tabelle unten finden Sie die besten nachhaltigen ETF. Sie sind bequemer und kostengünstiger als die aktiv gemanagten Fonds, erreichen allerdings nur einen mittleren Grad der Nachhaltigkeit (3 von 5 Punkten).

Da die nachhaltigen ETF bestimmte Unternehmen ausschließen, decken sie nicht den Markt in seiner vollen Breite ab. Die Angebote investieren aber weltweit und streuen das Anlagerisiko hinreichend, sodass sie als Risikobaustein für ein Pantoffel-Portfolio geeignet sind (siehe Öko-Pantoffel, S. 126). Die nachhaltigsten aktiv gemanagten Fonds finden Sie in der Tabelle auf der folgenden Seite. Ausführliche Erläuterungen zur Fondsbewertung von Finanztest können Sie unter test.de/fonds nachlesen.

Anbieter	Index	Grad der Nachhaltigkeit	Anmerkungen	Isin
Nachhaltige Aktien-ETF Welt				
Amundi	MSCI World SRI Filtered PAB	Mittel	Ⓣ, VL	LU 186 113 438 2
Amundi Lyxor	MSCI World Select ESG Rating and Trend Leaders	Mittel	Ⓣ, VL	LU 179 211 777 9
BNP Easy	MSCI World SRI S-Series PAB 5% Capped	Mittel	Ⓣ	LU 161 509 221 7
iShares	MSCI World SRI Select Reduced Fossil Fuels	Mittel	Ⓣ	IE 00B YX2 JD6 9
UBS	MSCI World SRI Low Carbon Select 5% Capped	Mittel	Ⓣ, VL	IE 00B K72 HJ6 7
Nachhaltige Aktien-ETF Welt inklusive Schwellenländer				
UBS	MSCI ACWI SRI Low Carbon Select 5% Capped	Mittel	Ⓣ	IE 00B DR5 547 1

Ⓣ = Thesaurierend: Thesaurierende Fonds sammeln die Dividendenerträge im Fonds an. Sie eignen sich besonders gut für die Altersvorsorge, weil Sie so vom Zinseszinseffekt profitieren und Sie sich nicht um die Wiederanlage der Erträge kümmern müssen.
Ⓐ = Ausschüttend: Ausschüttende Fonds schütten die Dividendenerträge regelmäßig an die Anlegerinnen und Anleger aus. Sie kommen vor allem infrage, wenn Sie die Erträge verbrauchen möchten.
VL = Diese ETF sind VL-fähig.

Reihenfolge nach Alphabet; Quellen: FWW, Refinitiv, eigene Erhebungen; Stand: 1. Januar 2023

Die nachhaltigsten Aktienfonds Welt

Die nachhaltigsten Welt-Fonds sind keine ETF, sondern aktive Fonds und ein Indexfonds, der aber kein ETF ist. Sie haben in der Nachhaltigkeitsbewertung von Finanztest die volle Punktzahl, 5 von 5 möglichen Punkten, erzielt. Dafür hat es zuletzt etwas beim Anlageerfolg gehapert. Hier erreichten sie nur zwischen 1 und 3 von 5 möglichen Punkten. Mehr zur Fondsbewertung von Finanztest finden Sie unter test.de/fonds.

Anbieter	Fondsname	Grad der Nachhaltigkeit	Anmerkungen	Isin	Anlageerfolg
Ampega	terrAssisi Aktien I AMI	Sehr hoch	Ⓐ, VL	DE 000 984 734 3	●●●○○
Universal	GLS Bank Aktienfonds	Sehr hoch	Ⓐ[1]	DE 000 A1W 2CL 6	●●●○○
Warburg	WI Global Challenges Index	Sehr hoch	Ⓐ[2,3], VL	DE 000 A1T 756 1	●●○○○[4]
Security	Superior 6 Global Challenges	Sehr hoch	Ⓣ	AT 000 0A0 AA7 8	●●○○○[4]
Monega	Steyler Fair Invest Equities	Sehr hoch	Ⓐ, VL	DE 000 A1J UVL 8	●●○○○
Ökoworld	ÖkoVision Classic	Sehr hoch	Ⓣ[1], VL	LU 006 192 858 5	●○○○○

A = Ausschüttender Fonds. T = Thesaurierender Fonds. VL = Diese ETF sind VL-fähig.
1) Institutionelle Tranche – für Privatanleger eventuell schwierig zu kaufen.
2) Erhebt zusätzlich eine erfolgsabhängige Gebühr. 3) Indexfonds, kein ETF.
4) Abwertung wegen zu hohen Risikos.

Quellen: FWW, Refinitiv, eigene Erhebungen und Berechnungen.
Bewertungszeitraum: 5 Jahre.
Stand: 1. Januar 2023

Geeignete Gold-ETC

Sie wollen in Gold investieren, legen keinen Wert darauf, das Edelmetall auch physisch zu besitzen? Dann sind Gold-ETC eine empfehlenswerte Wahl für Ihr Investment. Die beiden folgenden ETC sind nach Einschätzung von Finanztest dafür gut geeignet. Auf Wunsch können Sie sich das Gold gegen Entgelt sogar physisch ausliefern lassen.

Produkt	Isin	Emittent[1]
Euwax Gold II	DE 000 EWG 2LD 7	Börse Stuttgart Securities GmbH
Xetra-Gold	DE 000 A0S 9GB 0	Deutsche Börse Commodities GmbH

1) Gesellschaft mit beschränkter Haftung (GbmH)

Stand 1. Januar 2023
Quellen: FWW, eigene Erhebungen und Bewertungen

Stichwortverzeichnis

Die Stiftung Warentest wurde 1964 auf Beschluss des Deutschen Bundestages gegründet, um dem Verbraucher durch vergleichende Tests von Waren und Dienstleistungen eine unabhängige und objektive Unterstützung zu bieten.

Wir kaufen – anonym im Handel, nehmen Dienstleistungen verdeckt in Anspruch.

Wir testen – mit wissenschaftlichen Methoden in unabhängigen Instituten nach unseren Vorgaben.

Wir bewerten – von sehr gut bis mangelhaft, ausschließlich auf Basis der objektivierten Untersuchungsergebnisse.

Wir veröffentlichen – anzeigenfrei in unseren Büchern, den Zeitschriften test und Finanztest und im Internet unter www.test.de

Olaf Wittrock ist Mitgründer und Partner der Finanz- und Wirtschaftsredaktion wortwert mit Sitz in Köln und London. Er leitet die Finanzredaktion und entwickelt visuelle journalistische Formate. In den vergangenen 25 Jahren hat er schon viele Blasen, Booms und Crashs medial begleitet und bereits mehrere Bücher geschrieben.

Udo Trichtl ist Wirtschaftswissenschaftler und Journalist mit besonderem Interesse für Politik und den Kapitalmarkt. Seit 2021 arbeitet er als Redakteur im Finanzteam der Kölner Wirtschaftsredaktion wortwert. Davor hat er in Österreich beim ORF Wien und bei der Austria Presse Agentur (APA) gearbeitet.

Stiftung Warentest
Lützowplatz 11–13
10785 Berlin
Telefon 0 30/26 31–0
Fax 0 30/26 31–25 25
www.test.de
email@stiftung-warentest.de

USt-IdNr.: DE136725570

Vorstand: Hubertus Primus
Weitere Mitglieder der Geschäftsleitung: Dr. Holger Brackemann, Julia Bönisch, Daniel Gläser

Programmleitung: Niclas Dewitz

Autoren: Udo Trichtl, Olaf Wittrock
Projektleitung: Ursula Rieth
Lektorat: Heike Plank
Korrektorat: Christoph Nettersheim

Fachliche Unterstützung: Uwe Döhler, Simeon Gentscheff, Boštjan Krisper, Tom Krüger, Theo Pischke, Jörg Sahr, Max Schmutzer, Yann Stoffel
Titelentwurf: Josephine Rank, Berlin
Layout: Büro Brendel, Berlin
Grafik, Satz, Bildredaktion: Josephine Rank, Berlin
Bildnachweis: gettyimages: Umschlag, S. 2, 3, 8, 32, 88, 104, 118, 138; Josephine Rank: S. 2 rechts unten
Infografiken/Diagramme: Josephine Rank
Produktion: Vera Göring, Christian Königsmann
Verlagsherstellung: Rita Brosius (Ltg.), Romy Alig, Susanne Beeh
Litho: tiff.any, Berlin
Druck: Fromm + Rasch GmbH & Co. KG., Osnabrück

ISBN: 978-3-7471-0608-2

Wir haben für dieses Buch 100 % Recyclingpapier und mineralölfreie Druckfarben verwendet. Stiftung Warentest druckt ausschließlich in Deutschland, weil hier hohe Umweltstandards gelten und kurze Transportwege für geringe CO_2-Emissionen sorgen. Auch die Weiterverarbeitung erfolgt ausschließlich in Deutschland.